O MUNDO CODIFICADO

COSACNAIFY

Vilém Flusser

O MUNDO CODIFICADO

POR UMA FILOSOFIA DO DESIGN E DA COMUNICAÇÃO

organização Rafael Cardoso

tradução Raquel Abi-Sâmara

INTRODUÇÃO Rafael Cardoso

Um dos maiores pensadores da segunda metade do século XX viveu durante mais de trinta anos no Brasil. As implicações desse fato ainda não foram devidamente digeridas, nem aqui, nem internacionalmente. Vamos a elas. Que um dos herdeiros mais brilhantes da tradição européia de análise crítica tenha sido despejado pelo exílio neste envelhecido Novo Mundo, conseguindo aqui se refugiar da pior barbárie a assolar a república da Razão desde sua proclamação no Século das Luzes, que tenha vivido e trabalhado no Brasil grande de Getúlio e Juscelino Kubitschek, abraçando a possibilidade de uma última encarnação do Progresso no chamado país do futuro, e que tenha sido enxotado dessa falsa utopia pelo recrudescimento do mesmo terror que o trouxera aqui, surgido dessa vez das entranhas profundas do suposto paraíso nos trópicos; finalmente, que tenha regressado às origens, para pregar a novidade urgente de um futuro "sem história" e, enfim, para morrer uma morte estúpida e precoce – tudo isso anuncia com uma devastadora coerência alegórica os grandes dilemas que o mundo hoje enfrenta nos conflitos geminados entre tecnologia e miséria, liberdade e fundamentalismo, cultura e violência.

Se for plausível sugerir que o planeta caminha célere em direção ao atropelo fatal de seus valores mais essenciais, então é lícito enxergar na pessoa de Vilém Flusser o prenúncio profético do desastre – e também, quem sabe, as primeiras indicações de uma saída para a maior crise que a humanidade já enfrentou, aquela de sua própria sobrevivência coletiva.

Nascido em 1920 e falecido em 1991, na cidade tcheca de Praga, o filósofo Vilém Flusser viveu no Brasil entre 1940 e 1972, realizando aqui parte importante de sua formação e de seu trabalho. Este não é o lugar para uma análise detida de sua vasta obra. Faz tempo que outros, mais capacitados para empreendê-la, já iniciaram tal esforço. A intenção desta introdução é bem mais modesta: apresentá-lo a um público que, em sua maioria, o desconhece, mas cuja área de interesse é a mesma eleita por esse grande pensador, como foco privilegiado para algumas de suas mais intrigantes considerações. Ao contrário da maioria dos filósofos modernos, que costuma concentrar suas análises na linguagem verbal ou nos códigos matemáticos, Flusser dedicou boa parcela de seu gigantesco poder de reflexão às imagens e aos artefatos, elaborando as bases de uma legítima filosofia do design e da comunicação visual. Pela quase absoluta carência de iniciativas semelhantes, a leitura de sua obra deveria ser obrigatória para qualquer formação nessas áreas. Todavia, ele não deve ser estudado apenas por ser um dos poucos pensadores de peso a voltar sua atenção para esses assuntos, mas por ser um pensador único, capaz de situar imagem e artefato em seu devido lugar, no centro nervoso da existência contemporânea.

Até aí, Flusser tem algo em comum com estudiosos como Roland Barthes, Marshall McLuhan, Jean Baudrillard ou Susan Sontag, cujos escritos são dedicados em grande parte a desvendar o papel de novas mídias e meios de comunicação no mundo moderno e no pós-moderno. No entanto, diferentemente de outros "pensadores de mídias" mais conhecidos, ele trouxe ao assunto o rigor próprio à sua formação filosófica, e suas análises tendem a se ocupar mais da identificação de estruturas de pensamento do que de sua recepção em determinado meio ou contexto. Flusser é um pensador de causas, e não de comportamentos; por conseguinte, ele não hesita em ultrapassar as limitações metodológicas necessárias ao pensamento de cunho histórico. Para áreas marcadas desde sempre pelo predomínio de abordagens e pressupostos advindos das ciências sociais – como é o caso tanto da comunicação quanto do design –, o efeito é surpreendente e enriquecedor. Passado o susto inicial, é melhor dizer, visto que o autor é afeito a generalizações e aproximações capazes de provocar ataques de apoplexia em qualquer cientista social ortodoxo.

O texto de Flusser é dotado de um vigor sem paralelo nos estudos de design, mídia e comunicação. É claro, sucinto, livre de jargões e até de notas de rodapé, pelas quais detinha notória aversão. Trata-se de uma escrita que seduz por sua simplicidade aparente na mesma medida em que impressiona por sua consistência, à prova das mais duras investidas críticas e de inúmeras leituras reiteradas. Isso é verdade especialmente com relação aos textos produzidos durante o último decênio de sua vida, quando a maestria de sua técnica como escritor aflora com maior impacto.

A impressão que fica é de estar lendo não algo provisório, como deve ser necessariamente toda contribuição ao edifício coletivo das ciências, mas algo definitivo, como as melhores obras literárias e filosóficas. Para o aluno de faculdade ou de pós-graduação, habituado a lutar com alarmante freqüência contra a sintaxe confusa dos mestres encarregados de iluminá-lo, a experiência é grata e refrescante. O perigo pode ser o efeito contrário – o de ser levado insensivelmente na correnteza do pensamento flusseriano com a displicência de uma folha a deslizar na superfície de um riacho doce e cristalino. Que ninguém se engane com a aparência amena dessa água, cuja superfície transparente esconde a profundidade vivente de um oceano!

Vale a pena repisar aqui alguns pontos do pensamento flusseriano de especial interesse para os estudantes de design ou comunicação. Primeiramente, cabe frisar que essas áreas – divididas por nossas vãs burocracias acadêmicas em departamentos distintos – são, para Flusser, desdobramentos muito próximos de um mesmo fenômeno maior. Interdependentes, ambas são frutos de um processo de codificação da experiência. Todo artefato é produzido por meio da ação de dar forma à matéria seguindo uma intenção. Do ponto de vista etimológico, portanto, a manufatura corresponde ao sentido estrito do termo *in + formação* (literalmente, o processo de dar forma a algo). No sentido amplo, fabricar é informar. Daí deriva o sentido, menos usual, de "fabricar" como inventar ou engendrar idéias ou versões, como na frase "fabricar um álibi".

Todo objeto manufaturado, por sua vez, tem como meta transformar as relações do usuário com seu entorno de modo a tirar dele algum proveito. Ao concretizar uma possibilidade de uso, o artefato se faz modelo e informação. Por exemplo, depois que se vê uma alavanca em operação e se compreende o princípio empregado, não é mais possível olhar para qualquer vara de madeira ou metal sem reconhecer seu potencial de aplicação à mesma finalidade. O que antes era um simples pedaço de pau adquire uma função e um significado específicos pela existência prévia de um conceito. Ou seja, informar também é fabricar.

Tudo isso pode parecer óbvio, mas não é. Se fosse, não dividiríamos as atividades de design em "projeto de produto" e "comunicação visual", como muitos continuam a fazer em deferência a uma tradição gasta de prática profissional. Muito menos separaríamos "programação visual" de outros aspectos da comunicação, com um reles intuito corporativista de preservar feudos profissionais e de ensino. Afinal, será que um livro ou uma revista não têm uma existência tridimensional, não são construídos de matérias-primas e fabricados mediante processos industriais, não são distribuídos e vendidos como produtos?

Por outro lado, será que as cadeiras ou as garrafas não participam de um universo de significação regido por códigos e sistemas próprios? Alguém pode defender seriamente que os artefatos não sejam também suportes de informação, que não tenham sua "semântica"? Fosse esse o caso, então não haveria o menor sentido em criar distinções de aparência entre objetos destinados a uma mesma utilização. Não existiria moda, nem estilo, nem qualquer tipo de variação da forma/aparência dos artefatos que não fosse baseada em critérios estritos de operacionalidade. Ao colocar-se acima dessas divisões oriundas do senso comum, Flusser nos permite enxergar o problema maior da codificação do mundo.

As implicações da concepção flusseriana são imensas. No que tange à comunicação no seu sentido lato, ela nos instiga a rejeitar uma separação dicotômica entre representação e referente, entre signo e coisa em si, entre teoria e prática das estruturas de linguagem. Fabricar e informar são aspectos de um mesmo programa, são manifestações da ação humana única de tentar impor sentido ao mundo por meio de

códigos e técnicas. São, para lançar mão de uma palavra que anda um tanto acuada, arte – da qual deriva todo o complexo de conceitos correlatos como artefato, artifício e artificial.

Para Flusser, a base de toda a cultura é a tentativa de enganar a natureza por meio da tecnologia, isto é, da maquinação. Fazemos isso com tamanha engenhosidade que o mundo parece corresponder ao sistema conceitual que impingimos a ele. Assim, as regras numéricas inventadas pelo ser humano, em abstrato, são capazes de descrever, explicar e até prever a experiência sensorial. Tão poderosos são nossos códigos, aliás, que construímos a partir deles versões alternativas da chamada realidade, mundos paralelos, múltiplas experiências do aqui e agora, as quais convencem, comovem e tornam-se "reais" à medida que acreditamos coletivamente em sua eficácia. As imagens e os textos de ficção são exemplos primitivos e primorosos desse fenômeno.

Se uma árvore cai no espaço virtual, e não há ninguém *online*, será que ela gera uma mensagem de aviso? A pergunta, capciosa, suscita uma contemplação mais aprofundada dos códigos e convenções que empregamos em nosso dia-a-dia cada vez mais sofisticado. A partir de palavras, imagens e artefatos, a sociedade humana criou um mundo de enorme complexidade, mas cuja lógica profunda permanece oculta para a maioria imensa de seus habitantes e, em última instância, inacessível até mesmo para os autores do programa. Qual a diferença entre o material e o imaterial? Podemos trocar coisas por não-coisas? Como faremos para armazená-las, ambas? Que destino devemos reservar para os detritos gerados por nossa frenética atividade de transformação da natureza em cultura? Sim, porque o resultado final de toda nossa manipulação de palavras, imagens, artefatos é um imenso acúmulo de lixo, mesmo que eletrônico.

O fim da história parece ser o fim de nossa capacidade coletiva de lutar contra a entropia, contra a desagregação do sentido e da forma. Se a base daquilo que entendemos por cultura reside na ação de *in + formar*, então não é paradoxal que o excesso de informação nos conduza à desagregação do sentido? Flusser responde a essa e outras perguntas com uma visão aterradoramente lúcida do admirável mundo novo inaugurado no século retrasado pela industrialização e pelo advento da imagem técnica, cuja primeira manifestação teria sido a fotografia.

A filosofia de Flusser empurra nossa visão de mundo para além do burburinho histórico de nomes, datas, relações e contextos. Ela torna possível desvendar a lógica mais ampla do sistema engendrado pela humanidade na tentativa milenar de superar suas limitações físicas por meio da tecnologia. Reportando-se ao passado mítico – Deus e o diabo, Prometeu e o roubo do fogo divino, os astros e as estações –, ela conduz até o limiar das eternidades artificiais que podem ser manipuladas por nós: como profetas, deuses, criadores... enfim, como designers de mundos projetados. Para realizar esse perigoso percurso com êxito é necessário que tal filosofia atravesse a consciência histórica, atropelando aqui e ali nossa crença na cronologia, na causalidade, até mesmo na certeza de nosso destino como espécie.

Apesar do humanismo profundo que a motiva, a filosofia flusseriana não aponta para uma apoteose da humanidade. Antes, ela situa o indivíduo do presente como nódulo numa rede de interações e possibilidades. Vivendo em simbiose com as máquinas que criou, o ser humano é obrigado a abrir mão da possibilidade de controle da realidade, até mesmo porque a noção de "realidade" é transformada por sua ação. O humano torna-se escravo das forças de uma outra "natureza" que ajudou a gerar artificialmente, com a diferença de que essa nova, ao contrário da antiga, existe a serviço de seu bem-estar (pelo menos em tese). O futuro que podemos esperar do mundo robotizado – termo pelo qual Flusser abrange noções tanto de informática quanto de biotecnologia – é incerto, pois as máquinas, mais eficientes e mais inteligentes, começam a adquirir a capacidade de prescindir de nós.

Para o estudante de design ou comunicação, a devida compreensão dessa filosofia conduz a uma conclusão bem menos pessimista do que sugere a leitura superficial do parágrafo precedente. A paisagem tecnológica que herdamos da Revolução Industrial dos últimos duzentos anos é fruto, em grande parte, da matemática, da física, da mecânica e das engenharias. Ela corresponde a um mundo feito de aço e concreto, alumínio e plásticos, cabos e condutores. O que corre risco de superfluidade é justamente esse paradigma de tecnologia como algo concreto, tangível, atual, e por conseguinte a ilusão de determos controle absoluto do sistema. A partir de agora, seguindo a visão de Flusser, a experiência do mundo passa a ser regida por outros códigos e convenções, por linguagens e projetos capazes de reformular a percepção, muito mais do que a paisagem.

Ao ingressarmos plenamente na era da imagem técnica, retornamos, de certo modo, ao tempo anterior ao discurso linear, histórico. A grande arena da transformação possível – e, portanto, das poucas utopias que nos restam – encontra-se atualmente no limiar entre verbal e visual, entre material e imaterial, precisamente no campo do projeto de design e comunicação. Antes, porém, que alguém interprete essa afirmação como uma retomada do salvacionismo inerente ao discurso de outras vozes proféticas, como Buckminster Fuller ou Victor Papanek, cabe lembrar que Flusser seria o último a apostar suas fichas num final feliz. Como, para ele, todo projeto é ao mesmo tempo solução e obstáculo, a única certeza é de um aumento da complexidade, em escalada geométrica. Não se sabe se o resultado disso será maior agregação ou desagregação, pois os dois são facilmente confundidos e, até certo ponto, coadunados. Sabe-se apenas que a nova fronteira, daqui para frente, é aquela de nossa própria consciência do sistema construído, o qual nos comanda mais completamente no momento em que temos a impressão de usufruí-lo.

A crescente importância do conceito de virtualidade talvez seja a melhor e mais elegante prova do quanto Flusser tinha razão. Embora alguns o tenham condenado como pouco sério ou até alarmista quando despontou para o cenário internacional na década de 1980, sua reputação só tem crescido desde então. Hoje, não há exagero em afirmar sua importância ímpar como, talvez, o primeiro verdadeiro filósofo do predomínio das linguagens visuais e digitais – ou, como preferia ele, da era pós-histórica da "idolatria" e da "caixa-preta". O presente livro busca apresentar as idéias desse grande pensador ao público de design e comunicação por meio de uma seleção de textos publicados anteriormente no exterior, mas nunca no Brasil. Trata-se apenas de uma pequena amostra da rica e variada obra do filósofo, o qual merecia maior atenção do que tem recebido até agora da parte dos estudiosos brasileiros e, em especial, do meio de artes, design e comunicação, que sempre constituiu seu público eleito. Cabe ressaltar que ainda há muito em Flusser para ler e descobrir.

Se a filosofia flusseriana nos deixa poucas certezas, pelo menos resta a nós, leitores, a solução histórica de situar a vida dele no contexto em que viveu. A obra e a biografia de Vilém Flusser são permeadas por um esforço heróico de tornar inteligível para si mesmo um mundo complexo e tumultuado. Escrevendo ao mesmo tempo em diversos idiomas (principalmente alemão, português e inglês) e publicando textos sobre assuntos tão diversos quanto design, fotografia, mídias eletrônicas, comunicação, teoria da informação, escrita, literatura, filosofia e religião, Flusser não recuou diante da imensidão do desafio de conciliar a tradição iluminista com as forças aparentemente caóticas e destrutivas que regem a desagregação em escala planetária das antigas certezas civilizatórias. Talvez tenha sido ele a última voz da razão, no melhor e mais elevado sentido dessa palavra.

COISAS

FORMA E MATERIAL

A palavra "imaterial" (*immateriell*) tem sido alvo de disparates há bastante tempo. Mas, desde que se começou a falar de "cultura imaterial", esses disparates já não podem mais ser tolerados. Este ensaio tem a intenção de recuperar o conceito, atualmente muito distorcido, de "imaterialidade".

A palavra *materia* resulta da tentativa dos romanos de traduzir para o latim o termo grego *hylé*. Originalmente, *hylé* significa "madeira", e a palavra *materia* deve ter designado algo similar, o que nos sugere a palavra espanhola *madera*. No entanto, quando os gregos passaram a empregar a palavra *hylé*, não pensavam em madeira no sentido genérico do termo, mas referiam-se à madeira estocada nas oficinas dos carpinteiros. Tratava-se, para eles, de encontrar uma palavra que pudesse expressar oposição em relação ao conceito de "forma" (a *morphé* grega). *Hylé*, portanto, significa algo amorfo. A idéia fundamental aqui é a seguinte: o mundo dos fenômenos, tal como o percebemos com os nossos sentidos, é uma geléia amorfa, e atrás desses fenômenos encontram-se ocultas as formas eternas, imutáveis, que podemos perceber graças à perspectiva supra-sensível da teoria. A geléia amorfa dos fenômenos (o "mundo material") é uma ilusão e as formas que se encontram encobertas além dessa ilusão (o "mundo formal") são a realidade, que pode ser descoberta com o auxílio da teoria. E é assim que a descobrimos, conhecendo como os fenômenos amorfos afluem às formas e as preenchem para depois afluírem novamente ao informe.

Essa oposição *hylé-morphé*, ou "matéria-forma", fica ainda mais evidente se traduzirmos a palavra "matéria" (*Materie*) por "estofo" (*Stoff*). A palavra "estofo" é o substantivo do verbo "estofar" (*stopfen*). O mundo material (*materielle Welt*) é aquilo que guarnece as formas com estofo, é o recheio (*Füllsel*) das formas. Essa imagem é muito mais esclarecedora do que a da madeira entalhada que gera formas, porque mostra que o mundo "do estofo" (*stoffliche Welt*) só se realiza ao se tornar o preenchimento de algo. A palavra francesa que corresponde a "recheio" (*Füllsel*) é *farce*, o que torna possível a afirmação de que, teoricamente, todo material (*Materielle*) e todo estofo (*Stoffliche*) do mundo não deixam de ser uma farsa. Com o desenvolvimento das ciências, a perspectiva teórica entrou numa relação dialética com a perspectiva sensória ("observação – teoria – experimento"), que pode ser interpretada como opacidade da teoria. E assim se chegou a um materialismo para o qual a matéria é a realidade. Mas hoje em dia, sob o impacto da informática, começamos a retornar ao conceito original de "matéria" como um preenchimento transitório de formas atemporais.

Por razões cuja explicação ultrapassaria o objetivo deste ensaio, desenvolveu-se a oposição "matéria-espírito", independentemente do conceito filosófico de matéria. O conceito original nessa oposição é que corpos sólidos podem ser transformados em líquidos, e os líquidos, em gases, podendo então escapar do nosso campo de visão. Assim se pode entender, por exemplo, o hálito (em grego, *pneuma*; em latim, *spiritus*) como a gasificação do sólido corpo humano. A transição do sólido para o gasoso (do corpo ao espírito) pode ser observada no efeito do sopro em dias frios.

Na ciência moderna, a idéia da mudança de estados da matéria (do sólido ao líquido, do líquido ao gasoso – e vice-versa) deu origem a uma nova imagem do mundo. Trata-se, *grosso modo*, de uma mudança entre dois horizontes. Em um deles (o do zero absoluto), tudo o que se mostra é sólido (material); já no outro horizonte (na velocidade da luz), tudo se apresenta num estado mais do que gasoso (energético). (Vale lembrar aqui que "gás" e "caos" são a mesma palavra.) A oposição "matéria-energia" que aparece aqui nos remete ao espiritismo: pode-se converter matéria em energia (fissão) e energia em matéria (fusão) – a fórmula de Einstein faz essa articulação. Conforme a visão de mundo da ciência moderna, tudo é energia, ou seja, é a possibilidade de aglomerações casuais, improváveis, é a capacidade de formação da matéria. A "matéria", nessa visão de mundo, equipara-se a ilhas temporárias de aglomerações (curvaturas) em campos energéticos de possibilidades, que se entrecruzam. E daí provém o despropósito, em moda hoje em dia, de se falar de "cultura imaterial". O que se entende aqui é uma cultura em que as informações são introduzidas em um campo eletromagnético e transmitidas a partir desse campo. O despropósito consiste não apenas no abuso do conceito "imaterial" (em lugar de "energético") como também na compreensão inadequada do termo "informar".

Retomemos a oposição original "matéria-forma", isto é, "conteúdo-continente". A idéia básica é esta: se vejo alguma coisa, uma mesa, por exemplo, o que vejo é a madeira em forma de mesa. É verdade que essa madeira é dura (eu tropeço nela), mas sei que perecerá (será queimada e decomposta em cinzas amorfas). Apesar disso, a forma "mesa" é eterna, pois posso imaginá-la quando e onde eu estiver (posso colocá-la ante minha visada teórica). Por isso a forma "mesa" é real e o conteúdo "mesa" (a madeira) é apenas aparente. Isso mostra, na verdade, o que os carpinteiros fazem: pegam uma forma de mesa (a "idéia" de uma mesa) e a impõem em uma peça amorfa de madeira. Há uma fatalidade nesse ato: os carpinteiros não apenas informam a madeira (quando impõem a forma de mesa), mas também deformam a idéia de mesa (quando a distorcem na madeira). A fatalidade consiste também na impossibilidade de se fazer uma mesa ideal.

Isso tudo pode soar arcaico, no entanto é de uma atualidade, digamos, abrasadora. Vejamos um exemplo simples e possivelmente esclarecedor: os corpos densos que nos rodeiam parecem rolar independentemente de regras, mas na *realidade* obedecem à fórmula da queda livre. O movimento percebido pelos sentidos (aquilo que é material nos corpos) é aparente, e a fórmula deduzida teoricamente (aquilo que é formal nos corpos) é real. E essa fórmula (ou essa forma) está fora do tempo e do espaço, é inalteravelmente eterna. A fórmula da queda livre é uma equação matemática, e as equações são desprovidas de tempo e de espaço: não faz sentido perguntar se a equação "1 + 1 = 2" é igualmente verdadeira às quatro horas da tarde em Semipalatinsk. Mas também faz pouco sentido dizer que a fórmula é "imaterial". Ela é o *como* da matéria, e a matéria é o *o quê* da forma. Em outras palavras: a informação "queda livre" tem um conteúdo (corpo) e uma forma (uma fórmula matemática). Uma explicação como essa poderia ter sido dada no período barroco.

Mas a pergunta insiste: como Galileu chegou a essa idéia? Será que a descobriu teoricamente, além dos fenômenos (interpretação platônica), ou a teria inventado com a finalidade de *orientar-se* entre os corpos? Ou por acaso teria passado longo tempo brincando com corpos e idéias até que surgisse a idéia da queda livre? A resposta a essa pergunta decidirá se o edifício da ciência e da arte permanece ou cai, esse palácio de cristal de algoritmos e teoremas a que chamamos de cultura ocidental. Para aclarar esse problema e ilustrar a questão do pensamento formal, citemos outro exemplo do tempo de Galileu.

Trata-se da pergunta sobre a relação entre céu e Terra. Se o céu, juntamente com a Lua, o Sol, os planetas e as estrelas fixas, gira em torno da Terra (como parece acontecer), o faz então em órbitas epicíclicas bastante complexas, sendo que alguns têm que girar em sentido contrário. Se o Sol estiver no centro, o que conseqüentemente converte a Terra em mais um corpo celeste, as órbitas certamente vão adquirir formas elípticas relativamente simples. A resposta barroca para essa pergunta é a seguinte: na realidade é o Sol que se encontra no centro, e as elipses são as formas reais; nas formas epicíclicas de Ptolomeu, as figuras do discurso, as ficções, eram formas inventadas para manter as aparências (para salvar os fenômenos). Hoje pensamos mais formalmente do que naquela época, e nossa resposta seria assim: as elipses são formas mais convenientes que os epiciclos, e por isso são preferíveis. As elipses, por sua vez, são menos convenientes que os círculos, mas os círculos infelizmente não podem ser utilizados aqui. A questão já não é mais voltada para o que é real, mas sim para o que é conveniente; e então se verifica que não se pode simplesmente aplicar formas convenientes aos fenômenos (no caso, os círculos), a não ser aquelas mais convenientes que harmonizem com eles. Em suma: as formas não são descobertas nem invenções, não são idéias platônicas nem ficções; são recipientes construídos especialmente para os fenômenos ("modelos"). E a ciência teórica não é nem "verdadeira" nem "fictícia", mas sim "formal" (projetam modelos).

Se "forma" for entendida como o oposto de "matéria", então não se pode falar de design "material"; os projetos estariam sempre voltados para informar. E se a forma for o "como" da matéria e a "matéria" for o "o quê" da forma, então o design é um dos métodos de dar forma à matéria e de fazê-la aparecer como aparece, e não de outro modo. O design, como todas as expressões culturais, mostra que a matéria não aparece (é inaparente), a não ser que seja informada, e assim, uma vez informada, começa a se manifestar (a tornar-se fenômeno). A matéria no design, como qualquer outro aspecto cultural, é o modo *como* as formas aparecem.

Falar de design, no entanto, como algo situado entre o material e a "imaterialidade" não é totalmente sem sentido. Pois existem de fato dois modos distintos de ver e de pensar: o material e o formal. Pode-se dizer que o modo predominante no período barroco era o material: o Sol é realmente o centro, e as pedras caem realmente de acordo com uma fórmula. (Era material, e exatamente por essa razão não é materialista.) Hoje em dia, é o modo formal que prevalece: o sistema heliocêntrico e a equação da queda livre são formas práticas (exatamente por se tratar de um modo formal, não é imaterialista). Esses dois modos de ver e de pensar levam a duas maneiras distintas de projetar: a material e a formal. A material resulta em representações (por exemplo, as pinturas de animais nas paredes das cavernas). A formal, por sua vez, produz modelos (por exemplo, os projetos de canais de irrigação nas tábuas mesopotâmicas). A maneira material de ver enfatiza aquilo que aparece na forma; a maneira formal realça a forma daquilo que aparece. Portanto, a história da pintura, por exemplo, pode ser interpretada como um processo, no decorrer do qual a visada formal se impõe sobre a visada material (ainda que com alguns retrocessos). É o que será mostrado a seguir.

Um passo importante no caminho que conduziu à formalização foi a introdução da perspectiva. Pela primeira vez tratou-se, de maneira consciente, de preencher formas preconcebidas com matéria, de fazer os fenômenos aparecerem em formas específicas. Um passo seguinte talvez tenha sido dado por Cézanne, ao conseguir impor a uma mesma matéria duas ou três formas simultaneamente (consegue "mostrar", por exemplo, uma mesma maçã sob diversas perspectivas). Isso foi levado ao ápice pelo cubismo: tratava-se de mostrar as formas geométricas preconcebidas (entrecruzadas); nelas, a matéria serve exclusivamente para deixar as formas aparecerem. Pode-se dizer, portanto, que a pintura cubista, entre o conteúdo e o continente, entre a matéria e a forma, entre o aspecto material e o formal dos fenômenos, se move sempre em direção àquilo que é designado erroneamente de "imaterial".

Mas tudo isso é apenas uma preparação de caminho para a produção das chamadas "imagens artificiais". São elas as responsáveis por tornar tão "abrasadora" hoje em dia a pergunta sobre a relação entre matéria e forma. O que está em jogo são os equipamentos técnicos que permitem apresentar nas telas algoritmos (fórmulas matemáticas) em forma de imagens coloridas (e possivelmente em movimento). Isso é diferente de projetar canais em tábuas mesopotâmicas, de desenhar cubos e esferas nos quadros cubistas, e também difere de projetar aviões a partir de cálculos. Porque nesses casos se trata de projetar formas para materiais que serão contidos nelas (formas para aquedutos, para as *Demoiselles d'Avignon*, para os jatos Mirage); já o exemplo anterior diz respeito a formas platônicas "puras". As equações fractais, por exemplo, que brilham nas telas como "bonecos de maçã" de Mandelbrot,* não possuem matéria (embora possam posteriormente ser preenchidas

* Em alemão, *Mandelbrots Apfelmännchen*. A expressão refere-se ao conjunto de Mandelbrot, uma imagem fractal que parece produzir a si mesma infinitamente, gerada pela primeira vez num computador pelo matemático francês Benoît Mandelbrot. Por se assemelhar a uma maçã com braços e pernas, o fractal foi chamado, por pesquisadores alemães, de "boneco de maçã de Mandelbrot". No livro de Ian Stewart, *Será que Deus joga dados? A nova matemática do caos* (Jorge Zahar, 1991, p. 254), o conjunto de Mandelbrot é identificado como "boneco de pão-de-mel". [N.T.]

com materiais como formações montanhosas, nuvens de tormenta ou flocos de neve). Essas imagens sintéticas podem (erroneamente) ser chamadas de "imateriais", e não porque apareçam no campo eletromagnético, mas por mostrarem formas vazias, livres de matéria.

A questão "abrasadora" é, portanto, a seguinte: antigamente (desde Platão, ou mesmo antes dele) o que importava era configurar a matéria existente para torná-la visível, mas agora o que está em jogo é preencher com matéria uma torrente de formas que brotam a partir de uma perspectiva teórica e de nossos equipamentos técnicos, com a finalidade de "materializar" essas formas. Antigamente, o que estava em causa era a ordenação formal do mundo aparente da matéria, mas agora o que importa é tornar aparente um mundo altamente codificado em números, um mundo de formas que se multiplicam incontrolavelmente. Antes, o objetivo era formalizar o mundo existente; hoje o objetivo é realizar as formas projetadas para criar mundos alternativos. Isso é o que se entende por "cultura imaterial", mas deveria na verdade se chamar "cultura materializadora".

O que se debate aqui é o conceito de informar, que significa impor formas à matéria. Esse conceito tornou-se muito claro a partir da Revolução Industrial. Uma ferramenta de aço em uma prensa é uma forma, e ela informa o fluido de vidro ou de plástico que escorre por ela para criar garrafas ou cinzeiros. A questão antigamente era distinguir as informações verdadeiras das falsas. Verdadeiras eram aquelas cujas formas eram descobertas, e falsas aquelas em que as formas eram ficções. Essa distinção perde o sentido quando passamos a considerar as formas não mais como descobertas (*aletheiai*), nem como ficções, mas como modelos. Fazia sentido, antigamente, diferençar a ciência da arte, o que hoje parece um despropósito. O critério para a crítica da informação hoje está mais para a seguinte pergunta: até que ponto as formas aqui impostas podem ser preenchidas com matéria? Em que medida podem ser realizadas? Até que ponto as informações são operacionais ou produtivas?

Mas não é o caso de se perguntar se as imagens são superfícies de matérias ou conteúdos de campos eletromagnéticos. Convém saber em que medida essas imagens correspondem ao modo de pensar e de ver material e formal. Seja qual for o significado da palavra "material", só não pode exprimir o oposto de "imaterialidade". Pois a "imaterialidade", ou, no sentido estrito, a forma, é precisamente aquilo que faz o material aparecer. A aparência do material é a forma. E essa é certamente uma afirmação pós-material.

A FÁBRICA

O nome escolhido pela zootaxonomia para identificar a nossa espécie – *Homo sapiens sapiens* – expressa a opinião de que nos diferenciamos dos hominídeos que nos precederam exatamente por uma dupla sabedoria. Se considerarmos o que conseguimos fazer até aqui, essa denominação torna-se no mínimo questionável. Por outro lado, a designação *Homo faber* afigura-se menos investida ideologicamente, pelo fato de apresentar um caráter mais antropológico do que zoológico. Ela denota que pertencemos àquelas espécies de antropóides que fabricam algo. É uma designação funcional, uma vez que nos permite colocar em cena o seguinte critério: se encontrarmos resquícios de hominídeos em qualquer lugar, desde que nas proximidades de algum local de produção de artefatos (fábrica), e se acaso não houver dúvidas de que a atividade nessa fábrica era exercida por esse hominídeo, então pode-se designá-lo como *Homo faber*, ou, mais propriamente, como homem. Em sítios arqueológicos de esqueletos de primatas, por exemplo, fica evidente que as pedras ao redor foram coletadas e trabalhadas por eles mesmos de modo fabril. A despeito de todas as incertezas zoológicas, esses primatas deveriam ser chamados de *Homines fabri*, ou, por que não, de homens propriamente. A fábrica é, portanto, uma criação comum e característica da espécie humana, aquilo a que já se chamou de "dignidade" humana. Podem-se reconhecer os homens por suas fábricas.

Os especialistas em pré-história dedicam-se também a esse estudo, e é o que os historiadores deveriam fazer, mas nem sempre o fazem, ou seja: pesquisar as fábricas para identificar o homem. Para investigar, por exemplo, como vivia, pensava, sentia, atuava e sofria o homem neolítico, não há nada mais adequado que estudar detalhadamente as fábricas de cerâmica. Tudo, e em particular a ciência, a política, a arte e a religião daquelas comunidades, pode ser reconstituído a partir da organização das fábricas e dos artefatos de cerâmica. E o mesmo pode ser afirmado para as demais épocas. A análise detalhada de uma oficina de sapateiro do século XIV no norte da Itália, por exemplo, pode resultar em entendimento mais profundo das raízes do Humanismo, da Reforma e da Renascença do que aquele derivado do estudo das obras de arte e de textos políticos, filosóficos e teológicos. Pois as obras e os textos foram em sua maioria produzidos por monges, ao passo que as grandes revoluções dos séculos XIV e XV tiveram sua origem nas oficinas e nos conflitos que ali insurgiram. Portanto, aquele que indaga sobre o nosso passado deveria concentrar-se na escavação de ruínas das fábricas. E quem se interessa por nosso tempo deveria em primeiro lugar analisar criticamente as fábricas atuais. Aquele que dirige sua pergunta para os dias futuros estará com certeza perguntando pela fábrica do futuro.

Se considerarmos então a história da humanidade como uma história da fabricação, e tudo o mais como meros comentários adicionais, torna-se possível distinguir, *grosso modo*, os seguintes períodos: o das mãos, o das ferramentas, o das máquinas e o dos aparelhos eletrônicos (*Apparate*). Fabricar significa apoderar-se (*entwenden*) de algo dado na natureza, convertê-lo (*umwenden*) em algo manufaturado, darlhe uma aplicabilidade (*anwenden*) e utilizá-lo (*verwenden*). Esses quatro movimentos de transformação (*Wenden*) – apropriação, conversão, aplicação e utilização – são realizados primeiramente pelas mãos, depois por ferramentas, em seguida pelas máquinas e, por fim, pelos aparatos eletrônicos. Uma vez que as mãos humanas, assim como as mãos dos primatas, são órgãos (*Organe*) próprios para girar (*Wenden*) coisas (e entenda-se o ato de girar, virar, como uma informação herdada geneticamente), podemos considerar as ferramentas, as máquinas e os eletrônicos como imitações das mãos, como próteses que prolongam o alcance das mãos e em conseqüência ampliam as informações herdadas geneticamente graças às informações culturais, adquiridas. Portanto, as fábricas são lugares onde aquilo que é dado (*Gegebenes*) é convertido em algo feito (*Gemachtes*), e com isso as informações herdadas tornam-se cada vez menos significativas, ao contrário das informações adquiridas, aprendidas, que são cada vez mais relevantes. As fábricas são lugares em que os homens se tornam cada vez menos naturais e cada vez mais artificiais, precisamente pelo fato de que as coisas convertidas, transformadas, ou seja, o produto fabricado, reagem à investida do homem: um sapateiro não faz unicamente sapatos de couro, mas também, por meio de sua atividade, faz de si mesmo um sapateiro. Dito de outra maneira: as fábricas são lugares onde sempre são produzidas novas formas de homens: primeiro, o homem-mão, depois, o homem-ferramenta, em seguida, o homem-máquina e, finalmente, o homem-aparelhos-eletrônicos. Repetindo: essa é a história da humanidade.

Somente com dificuldades conseguimos reconstruir a primeira Revolução Industrial, aquela em que ocorre a substituição da mão pela ferramenta, apesar de estar bem documentada por meio da arqueologia industrial. Mas uma coisa é certa: no momento em que a ferramenta – como um machado, por exemplo – entra em jogo, é possível falar de uma nova forma de existência humana. Um homem rodeado de ferramentas, isto é, de machados, pontas de flecha, agulhas, facas, resumindo, de cultura, já não se encontra no mundo como em sua própria casa, como ocorria por exemplo com o homem pré-histórico que utilizava as mãos. Ele está alienado do mundo, protegido e aprisionado pela cultura.

A segunda Revolução Industrial, que supõe a substituição da ferramenta pela máquina, ocorreu há pouco mais de duzentos anos, e somente agora começamos a compreendê-la. As máquinas são ferramentas projetadas e fabricadas a partir de teorias científicas, e exatamente por isso são mais eficazes, mais rápidas e mais caras. Inverte-se assim a relação homem-ferramenta, e a existência do homem modifica-se completamente. Quando se trata de ferramenta, o homem é a constante e a ferramenta, a variável: o alfaiate senta-se no meio da oficina e, quando quebra uma agulha, a substitui por outra. No caso da máquina, é ela a constante e o homem, a variável: a máquina encontra-se lá, no meio da oficina, e, se um homem envelhece ou fica doente, o proprietário da máquina o substitui por outro. É como se o proprietário, o fabricante, fosse a constante e a máquina, sua variável, mas ao se analisar mais de perto verifica-se que também o fabricante é uma variável da máquina ou do parque industrial como um todo. A segunda Revolução Industrial expulsou o homem de sua cultura, assim como a primeira o expulsou da natureza, e por isso podemos considerar as fábricas mecanizadas uma espécie de manicômio.

Pensemos agora na terceira Revolução Industrial, aquela que implica a substituição de máquinas por aparelhos eletrônicos. Ela ainda está em andamento, e seu final não é passível de ser visto. Por isso perguntamos: como será a fábrica do futuro (ou seja, a de nossos netos)? Mesmo a simples pergunta sobre o que afinal significa a expressão "aparelho eletrônico" esbarra em dificuldades; uma resposta possível seria: as máquinas são ferramentas construídas de acordo com teorias científicas, em um momento em que a ciência consistia sobretudo na física e na química, ao passo que os aparelhos eletrônicos podem ser também aplicações, teorias e hipóteses da neurofisiologia e da biologia. Em outras palavras: as ferramentas imitam a mão e o corpo empiricamente; as máquinas, mecanicamente; e os aparelhos, neurofisiologicamente. Trata-se de "converter" (*wenden*) em coisas as simulações cada vez mais perfeitas de informações genéticas, herdadas. Pois os aparelhos eletrônicos consistem nos mais adequados métodos para transformar coisas para o uso. A fábrica do futuro será certamente muito mais compatível que as atuais, e sem dúvida reformulará completamente a relação homem-ferramenta. Pode-se, portanto, esperar que a louca alienação do homem com relação à natureza e à cultura, que atingiu o grau máximo na revolução das máquinas, possa ser superada. E assim a fábrica do futuro não mais será um manicômio, mas um lugar onde as potencialidades criativas do *Homo faber* poderão se realizar.

O que está fundamentalmente em questão aqui é a relação homem-ferramenta. Trata-se de uma questão topológica ou, se se quiser, arquitetônica. Enquanto se fabricava sem ferramentas, isto é, enquanto o *Homo faber* apreendia a natureza com as mãos, a fim de apropriar-se das coisas e transformá-las, enquanto não se podia identificar a localização de fábricas, não havia um "*topos*" para elas. O homem pré-histórico, da Idade da Pedra Lascada, não especificava lugares para fabricação, produzia em qualquer lugar. Quando entram em jogo as ferramentas, torna-se necessário delimitar espaços no mundo para a fabricação – como os lugares onde se extraía o sílex das montanhas, ou os locais onde o sílex era convertido em objetos que receberiam uma aplicação e seriam utilizados. Esses espaços de fabricação são círculos em cujo centro se encontra o homem; em círculos excêntricos localizam-se suas ferramentas, que, por sua vez, estão rodeadas pela natureza. Verifica-se essa arquitetura fabril praticamente durante toda a história da humanidade. Com a invenção das máquinas, essa arquitetura tem que mudar, e da maneira a seguir.

Já que a máquina deve estar situada no meio, devido ao fato de durar mais e de ter maior valor que o homem, a arquitetura humana terá de se submeter à arquitetura das máquinas. Surgem agrupamentos significativos de máquinas na Europa ocidental e na América do Norte, e, posteriormente, em todo o mundo, formando entroncamentos de uma rede de circulação. Por serem ambivalentes, os fios dessa rede podem ser organizados de modo centrípeto ou centrífugo. Ao longo dos fios centrípetos, as coisas relacionadas à natureza e aos homens são absorvidas pelas máquinas para que lá possam ser convertidas e utilizadas. Ao longo dos fios centrífugos, as coisas e os homens transformados fluem para fora das máquinas. As máquinas em rede, conectadas entre si, formam complexos, e estes, por sua vez, se unem formando parques industriais, e os assentamentos humanos formam aqueles lugares, em rede, a partir dos quais os homens são sugados pelas fábricas, para depois serem regurgitados periodicamente, cuspidos outra vez de lá. A natureza inteira é atraída, de forma concêntrica, por essa sucção das máquinas. Essa é a estrutura da arquitetura industrial dos séculos XIX e XX.

Essa estrutura mudará radicalmente em função dos aparelhos eletrônicos. Não somente pelo fato de que os aparelhos sejam mais adaptáveis ao uso e, por isso, radicalmente menores e mais baratos que as máquinas, mas também por não mais serem uma constante em relação ao homem. Fica cada dia mais evidente que a relação homem-aparelho eletrônico é reversível, e que ambos só podem funcionar conjuntamente: o homem em função do aparelho, mas, da mesma maneira, o aparelho em função do homem. Pois o aparelho só faz aquilo que o homem quiser, mas o homem só pode querer aquilo de que o aparelho é capaz. Está surgindo um novo método de fabricação, isto é, de funcionamento: esse novo homem, o funcionário, está unido aos aparelhos por meio de milhares de fios, alguns deles invisíveis: aonde quer que vá, ou onde quer que esteja, leva consigo os aparelhos (ou é levado por eles), e tudo o que faz ou sofre pode ser interpretado como uma função de um aparelho.

À primeira vista é como se estivéssemos retornando à fase de fabricação anterior às ferramentas. Exatamente como o homem primitivo, que sem mediação alguma apreendia a natureza com as mãos e, graças a elas, podia fabricar em qualquer momento e lugar, os futuros funcionários, equipados com aparelhos pequenos, minúsculos ou até mesmo invisíveis, estarão sempre prontos a fabricar algo, em qualquer momento e lugar. Assim, não somente os gigantescos complexos industriais da era das máquinas haverão de extinguir-se como os dinossauros, e na melhor das hipóteses terminarão expostos em museus de história, mas também as oficinas vão se tornar supérfluas. Graças aos aparelhos, todos estarão conectados com todos onde e quando quiserem, por meio de cabos reversíveis, e, com esses cabos e aparelhos, todos poderão se apropriar das coisas existentes, transformá-las e utilizá-las.

Essa visada telemática, pós-industrial e pós-histórica sobre o futuro do *Homo faber* apresenta, no entanto, um pequeno problema: quanto mais complexas se tornam as ferramentas, mais abstratas são suas funções. Ao homem primitivo, que fazia tudo essencialmente com as mãos, eram suficientes as informações concretas e herdadas para o uso das coisas apreendidas. Já o fabricante de machados, potes e sapatos, por exemplo, para fazer uso das ferramentas, tinha que adquirir essas informações empiricamente. As máquinas exigiam não apenas informação empírica, mas também teórica, e isso explica o porquê da escolaridade obrigatória: escolas primárias que ensinem o manejo de máquinas, escolas secundárias para o ensino da manutenção das máquinas e escolas superiores que ensinem a construir novas máquinas. Os aparelhos eletrônicos exigem um processo de aprendizagem ainda mais abstrato e o desenvolvimento de disciplinas que de modo geral ainda não se encontram acessíveis. A rede telemática que conecta os homens com os aparelhos e o conseqüente desaparecimento da fábrica (para ser mais preciso: o conseqüente processo de desmaterialização da fábrica) pressupõem que todos os homens devam ser competentes o suficiente para isso. Mas não se pode confiar nessa pressuposição.

Pode-se imaginar qual será o aspecto das fábricas no futuro: serão como escolas. Deverão ser locais em que os homens aprendam como funcionam os aparelhos eletrônicos, de forma que esses aparelhos possam depois, em lugar dos homens, promover a transformação da natureza em cultura. E os homens do futuro, por sua vez, nas fábricas do futuro, aprenderão essa operação com aparelhos, em aparelhos e de aparelhos. Em função disso, a fábrica do futuro deverá assemelhar-se mais a laboratórios científicos, academias de arte, bibliotecas e discotecas do que às fábricas atuais. E o homem-aparelho (*Apparatmenschen*) do futuro deverá ser pensado mais como um acadêmico do que como um operário, um trabalhador ou um engenheiro.

Aqui surge, porém, um problema conceitual que constitui o núcleo dessas reflexões: segundo as idéias clássicas, a fábrica é o oposto da escola: a "escola" é o lugar da contemplação, do ócio (*otium*, *scholé*), e a "fábrica", o lugar da perda da contemplação (*negotium*, *ascholia*); a "escola" é nobre, e a "fábrica", desprezível. Mesmo os filhinhos românticos dos fundadores de grandes indústrias compartilhavam dessa opinião clássica. Agora começa a desvelar-se o erro fundamental dos platônicos e dos românticos. Enquanto escola e fábrica estão separadas e se depreciam mutuamente, governa a maluquice industrial. Por outro lado, enquanto os aparelhos eletrônicos continuam expulsando as máquinas, fica evidente que a fábrica não é outra coisa senão a escola aplicada, e a escola não é mais que uma fábrica para aquisição de informações. E somente nesse momento o termo *Homo faber* adquire total dignidade.

Isso nos permite formular a pergunta sobre a fábrica do futuro de modo topológico e arquitetônico. A fábrica do futuro deverá ser aquele lugar em que o homem aprenderá, juntamente com os aparelhos eletrônicos, o quê, para quê e como colocar as coisas em uso. E os futuros arquitetos fabris terão de projetar escolas ou, em termos clássicos, academias, templos de sabedoria. Como deverá ser o aspecto desses templos, se estarão materialmente assentados no chão, se flutuarão como objetos semimateriais, se serão quase totalmente imateriais, é uma questão secundária. O que importa é que a fábrica do futuro deverá ser o lugar em que o *Homo faber* se converterá em *Homo sapiens sapiens*, porque reconhecerá que fabricar significa o mesmo que aprender, isto é, adquirir informações, produzi-las e divulgá-las.

Isso soa no mínimo tão utópico quanto a sociedade telemática conectada em rede com aparelhos automáticos. Mas na realidade trata-se de uma projeção de tendências que já podem ser observadas. Semelhantes escolas-fábricas e fábricas-escolas já estão surgindo em toda parte.

A ALAVANCA CONTRA-ATACA

As máquinas são simulações dos órgãos do corpo humano. A alavanca, por exemplo, é um braço prolongado. Potencializa a capacidade que tem o braço de erguer coisas e descarta todas as suas outras funções. É "mais estúpida" que o braço, mas em troca chega mais longe e pode levantar cargas mais pesadas.

As facas de pedra – cuja forma imita a dos dentes incisivos – são uma das máquinas mais antigas. São mais antigas que a espécie *Homo sapiens sapiens* e continuam cortando até hoje: exatamente por não serem orgânicas, mas feitas de pedra. Provavelmente os homens da Idade da Pedra Lascada também dispunham de máquinas vivas: os chacais, por exemplo, que deviam utilizar na caça como extensão de suas próprias pernas e incisivos. Os chacais, assim como os incisivos, são menos estúpidos que as facas de pedra; por sua vez, estas duram mais tempo. Talvez essa seja uma das razões pelas quais, até a Revolução Industrial, empregavam-se tanto máquinas "inorgânicas" como orgânicas: tanto facas quanto chacais, tanto alavancas quanto burros, tanto pás quanto escravos – para que se pudesse dispor de durabilidade e inteligência. Mas as máquinas "inteligentes" (chacais, burros e escravos) são estruturalmente mais complexas que as "estúpidas". Esse é o motivo pelo qual, desde a Revolução Industrial, se começou a prescindir delas.

A máquina industrial se distingue da pré-industrial pelo fato de que aquela tem como base uma teoria científica. Certamente a alavanca pré-industrial também tem a lei da alavanca em seu bojo, mas somente a industrial *sabe* que a tem. Habitualmente isso se expressa assim: as máquinas pré-industriais foram fabricadas empiricamente, ao passo que as industriais o são tecnicamente. Na época da Revolução Industrial, a ciência dispunha de uma série de teorias a respeito do mundo "inorgânico", principalmente teorias de mecânica. Porém, em relação ao mundo orgânico, as teorias eram bastante escassas. Que leis tem o burro no seu ventre? Não só o próprio burro as desconhecia, como também os cientistas pouco sabiam sobre elas. Daí que, a partir da Revolução Industrial, o boi deu lugar à locomotiva, e o cavalo, ao avião. O boi e o cavalo eram impossíveis de serem feitos tecnicamente. Com relação aos escravos, a coisa era ainda mais complicada. As máquinas técnicas não apenas iam se tornando cada vez mais eficazes como também maiores e mais caras. Desse modo, a relação "homem-máquina" inverteu-se de tal modo que as máquinas não serviam aos homens, mas estes serviam a elas. Haviam-se convertido em escravos relativamente inteligentes de máquinas relativamente estúpidas.

Essa situação mudou um pouco no século XX. As teorias se aperfeiçoaram e, graças a isso, as máquinas se tornaram ao mesmo tempo cada vez mais eficazes e menores, e sobretudo mais "inteligentes". Os escravos se tornam progressivamente redundantes e fogem das máquinas para o setor de serviços, ou então ficam desempregados. Essas são as conhecidas conseqüências da automação e da "robotização" que caracterizam o processo da sociedade pós-industrial. Mas essa não é a mudança realmente importante. Muito mais significativo é o fato de que estamos começando a dispor também de teorias que se aplicam ao mundo orgânico. Começamos a saber que leis o burro traz no ventre. Em conseqüência, em breve poderemos fabricar tecnologicamente bois, cavalos, escravos e superescravos. Isso será chamado, provavelmente, a segunda Revolução Industrial ou a Revolução Industrial "biológica".

E assim ficará explícito que a intenção de construir máquinas "inorgânicas inteligentes" é, no melhor dos casos, um remendo e, no pior, um erro; uma alavanca não tem por que ser um braço estúpido se receber um sistema nervoso central. A elevada inteligência do boi pode ser inclusive superada pelas locomotivas que estejam bem construídas "biologicamente". Em breve, ao construir máquinas será possível combinar a durabilidade do "inorgânico" com a inteligência do orgânico. Logo haverá uma praga de chacais de pedra. Mas essa não é necessariamente uma situação paradisíaca: os chacais, bois, escravos e superescravos de pedra se agitam freneticamente à nossa volta, enquanto tentamos comer e digerir os produtos industriais secundários que deles jorram sem parar. Isso não pode ser assim. E não só porque essas "inteligências de pedra" estejam se tornando cada vez "mais inteligentes" e, conseqüentemente, deixando de ser estúpidas o suficiente para nos servir; não pode ser assim porque as máquinas, por mais estúpidas que sejam, contra-atacam, revidam nossas investidas. Como vão golpear quando se tornarem mais espertas?

A velha alavanca nos devolveu o golpe: movemos os braços como se fossem alavancas, e isso desde que passamos a dispor delas. Imitamos os nossos imitadores. Desde que criamos ovelhas nos comportamos como rebanhos e necessitamos de pastores. Atualmente, esse contra-ataque das máquinas está se tornando mais evidente: os jovens dançam como robôs, os políticos tomam decisões de acordo com cenários computadorizados, os cientistas pensam digitalmente e os artistas desenham com máquinas de plotagem. Por conseguinte, toda futura fabricação de máquinas também deverá levar em conta o contragolpe da alavanca. Já não é possível construir máquinas considerando apenas a economia e a ecologia. É preciso pensar também como essas máquinas nos devolverão seus golpes. Uma tarefa difícil, se levarmos em consideração que, na atualidade, a maioria das máquinas é construída por "máquinas inteligentes" e nós apenas observamos o processo para intervir ocasionalmente.

Esse é um problema de design: como devem ser as máquinas, para que seu contragolpe não nos cause dor? Ou melhor: como devem ser essas máquinas para que o contragolpe nos faça bem? Como deverão ser os chacais de pedra para que não nos esfarrapem e para que nós mesmos não nos comportemos como chacais? Naturalmente podemos projetá-los de modo a que nos lambam, em vez de morder-nos. Mas queremos realmente ser lambidos? São *questões* difíceis, porque ninguém sabe de fato como quer ser. No entanto, devemos debater essas questões antes de começarmos a projetar chacais de pedra (ou talvez clones de invertebrados ou quimeras de bactérias). E essas questões são ainda mais interessantes do que qualquer chacal de pedra ou qualquer futuro super-humano. Será que o designer estará preparado para colocá-las?

A NÃO-COISA [1]

52 Pouco tempo atrás, nosso universo era composto de coisas: casas e móveis, máquinas e veículos, trajes e roupas, livros e imagens, latas de conserva e cigarros. Também havia seres humanos* em nosso ambiente, ainda que a ciência já os tivesse, em grande parte, convertido em objetos: eles se tornaram, portanto, como as demais coisas, mensuráveis, calculáveis e passíveis de serem manipulados. Em suma, o ambiente era a condição de nossa existência (*Dasein*). Orientar-se nele significava diferençar as coisas naturais das artificiais. Uma tarefa nada fácil. Essa hera na parede de minha casa, por exemplo, é uma coisa natural simplesmente porque cresce e porque é objeto de estudo da botânica, uma ciência natural? Ou será uma coisa artificial por ter sido cultivada por meu jardineiro conforme um modelo estético? E minha casa? Será algo artificial, uma vez que projetar e construir casas é uma arte? Ou

* Nesta passagem, traduzimos "*Menschen*" por "seres humanos" para pôr em evidência seu contraste com "coisas". Nas demais ocorrências do termo, optamos invariavelmente por "o homem" ou "os homens", visando respeitar o registro coloquial do texto. [N.T.]

será natural as pessoas morarem em casas, assim como os pássaros vivem nos ninhos? Fará sentido ainda querer distinguir natureza de cultura quando se trata de se orientar no mundo das coisas? Não seria hora de buscar outros critérios "ontológicos", como, por exemplo, a distinção entre coisas animadas e inanimadas, móveis e imóveis? Isso também cria dificuldades. Um país, aparentemente, é uma coisa imóvel; no entanto, a Polônia deslocou-se para oeste. Uma cama, pelo que parece, é um móvel, mas a minha cama deslocou-se menos do que a Polônia. Qualquer catálogo referente ao universo das coisas, independentemente dos critérios utilizados para compô-lo – "animado-inanimado", "meu-seu", "útil-inútil", "próximo-distante" –, apresentará lacunas e imprecisão. Não é fácil nos movimentarmos entre as coisas.

No entanto, ao olharmos para trás, como fazemos aqui, reconhecemos que era mais aconchegante viver em um mundo de coisas. É claro que havia, se quisermos nos expressar com elegância, certas dificuldades epistemológicas, mas era possível saber mais ou menos o que se deveria fazer para poder viver. "Viver" significa ir em direção à morte. Nesse caminho topava-se com coisas que obstruíam a passagem. Essas coisas chamadas "problemas" tinham de ser conseqüentemente retiradas da frente. "Viver" significava então resolver problemas para poder morrer. E os problemas eram solucionados quando as coisas que resistiam obstinadamente eram transformadas em dóceis, e a isso se chamava "produção"; ou então ao serem superados – o que era identificado como "progresso". Até que finalmente apareceram problemas que não podiam ser transformados e nem superados. Eram denominados "as últimas coisas", e morria-se por sua causa. Esse era o paradoxo da vida entre as coisas: acreditava-se que os problemas tinham de ser resolvidos para limpar o caminho para a morte, a fim de, como se costumava dizer, "libertar-se das circunstâncias", e morria-se justamente por causa dos problemas insolúveis. Isso pode até não soar de um modo muito aprazível, mas não deixa de ser tranqüilizador. Sabe-se ao menos o que se tem para ater-se à vida – ou seja, as coisas.

Mas essa situação infelizmente mudou. Agora irrompem não-coisas por todos os lados, e invadem nosso espaço suplantando as coisas. Essas não-coisas são denominadas "informações". Podemos querer reagir a isso dizendo "mas que contra-senso!", pois as informações sempre existiram e, como a própria palavra "informação" indica, trata-se de "formar em" coisas. Todas as coisas contêm informações: livros e imagens, latas de conserva e cigarros. Para que a informação se torne evidente, é preciso apenas ler as coisas, "decifrá-las". Sempre foi assim, não há nada de novo nisso.

Essa objeção é absolutamente vazia. As informações que hoje invadem nosso mundo e suplantam as coisas são de um tipo que nunca existiu antes: são informações imateriais (*undingliche Informationen*). As imagens eletrônicas na tela de televisão, os dados armazenados no computador, os rolos de filmes e microfilmes, hologramas e programas são tão "impalpáveis" (*software*) que qualquer tentativa de agarrá-los com as mãos fracassa. Essas não-coisas são, no sentido preciso da palavra, "inapreensíveis". São apenas decodificáveis. E é bem verdade que, como as antigas informações, parecem também estar inscritas nas coisas: em tubos de raios catódicos, em celulóides, em *microchips*, em raios *laser*. Ainda que isso possa ser admitido "ontologicamente", trata-se de fato de uma ilusão "existencial". A base material desse novo tipo de informação é desprezível do ponto de vista existencial. Uma prova disso é o fato de que o *hardware* está se tornando cada vez mais barato, ao passo que o *software*, mais caro. Os indícios de materialidade ainda ligados a essas não-coisas podem ser descartados ao se apreciar o novo ambiente. O entorno está se tornando progressivamente mais impalpável, mais nebuloso, mais fantasmagórico, e aquele que nele quiser se orientar terá de partir desse caráter espectral que lhe é próprio.

Mas não se faz sequer necessário trazer à consciência essa nova configuração de nosso ambiente. Estamos todos impregnados dela. Nosso interesse existencial desloca-se, a olhos vistos, das coisas para as informações. Estamos cada vez menos interessados em possuir coisas e cada vez mais querendo consumir informações. Não queremos apenas um móvel a mais ou uma roupa, mas gostaríamos também de mais uma viagem de férias, uma escola ainda melhor para os filhos e mais um festival de música em nossa região. As coisas começam a retirar-se para o segundo plano de nosso campo de interesses. Ao mesmo tempo, uma parcela cada vez maior da sociedade ocupa-se com a produção de informações, "serviços", administração, sistemas, e menos pessoas se dedicam à produção de coisas. A classe trabalhadora, ou seja, os produtores de coisas, está se tornando minoria, enquanto os funcionários e os *apparatchiks*, esses produtores de não-coisas, tornam-se maioria. A moral burguesa baseada em coisas – produção, acumulação e consumo – cede lugar a uma nova moral. A vida nesse ambiente que vem se tornando imaterial ganha uma nova coloração.

Pode-se reprovar a descrição dessa reviravolta por ela não considerar a enxurrada de trastes inúteis que acompanha a invasão das não-coisas. Essa reprovação, no entanto, não procede: os trastes inúteis provam o ocaso das coisas. O que acontece é que alimentamos as máquinas de informações para que elas "vomitem" esses trastes da forma mais massiva e barata possível. Esses restos descartáveis, isqueiros, navalhas, canetas, garrafas de plástico, não são coisas verdadeiras: não dá para se apegar a elas. E à medida que, progressivamente melhor, aprendermos a alimentar de informações as máquinas, todas as coisas vão se converter em trastes desse tipo, inclusive casas e imagens. Todas as coisas perderão seu valor, e todos os valores serão transferidos para as informações. "Transvaloração de todos os valores." Essa definição, aliás, é apropriada para o novo imperialismo: a humanidade é dominada por grupos que dispõem de informações privilegiadas, como por exemplo a construção de usinas hidrelétricas e armas atômicas, de automóveis e aeronaves, de engenharia genética e sistemas informáticos de gerenciamento. Esses grupos vendem as informações por preços altíssimos a uma humanidade subjugada.

O que está em marcha ante nossos olhos, esse deslocamento das coisas do nosso horizonte de interesses e a focalização dos interesses nas informações, é sem precedente na história. E, por isso, inquietante. Mas se quisermos nos orientar melhor nesse campo, teremos de buscar, apesar da ausência de precedentes, algum tipo de paralelismo. Senão, como poderíamos sequer tentar imaginar nosso modo de vida em um ambiente imaterial como esse? Que tipo de homem será esse que, em vez de se ocupar com coisas, irá se ocupar com informações, símbolos, códigos, sistemas e modelos? Existe um paralelo: a primeira Revolução Industrial. O interesse se deslocou nitidamente da natureza, das vacas e dos cavalos, dos lavradores e artesãos para as coisas, para as máquinas e seus produtos, para a massa de trabalhadores e para o capital, e assim surgiu o mundo "moderno". Nessa época podia-se afirmar, e com razão, que um camponês do ano 1750 a.C. seria mais parecido com um camponês de 1750 d.C. do que com um proletário, seu filho, do ano 1780 d.C. Hoje em dia ocorre algo parecido. Estamos mais próximos do trabalhador e do cidadão da Revolução Francesa do que de nossos próprios filhos, dessas crianças que vemos aí brincando com aparelhos eletrônicos. A comparação certamente não vai fazer com que a atual revolução se torne mais confortável para nós, mas ela pode servir para melhor apreensão do objeto.

Poderemos então compreender que o esforço de nos atermos às coisas na vida talvez não seja o único modo racional de viver, o que vai ao encontro daquilo em que estamos inclinados a acreditar, que nossa "objetividade" (*Objektivität*) é algo relativamente novo. Entenderemos que se pode viver diferentemente, talvez de forma até melhor. Aliás, a vida "moderna", a vida entre as coisas, não é tão excepcionalmente maravilhosa como talvez pensassem nossos pais. Muitas sociedades do Terceiro Mundo, excluídas do bloco ocidental, parecem ter boas razões para rejeitá-la. Se nossos filhos também começarem a repudiá-la, não será necessariamente motivo de desespero. Pelo contrário, teremos que imaginar essa nova vida com as não-coisas.

Admitamos: essa não é uma tarefa fácil. Esse novo homem que nasce ao nosso redor e em nosso próprio interior de fato carece de mãos (*ist handlos*). Ele não lida (*behandelt*) mais com as coisas, e por isso não se pode mais falar de suas ações concretas (*Handlungen*), de sua práxis ou mesmo de seu trabalho. O que lhe resta das mãos são apenas as pontas dos dedos, que pressionam o teclado para operar

com os símbolos. O novo homem não é mais uma pessoa de ações concretas, mas sim um *performer* (*Spieler*): *Homo ludens*, e não *Homo faber*. Para ele, a vida deixou de ser um drama e passou a ser um espetáculo. Não se trata mais de ações, e sim de sensações. O novo homem não quer ter ou fazer, ele quer vivenciar. Ele deseja experimentar, conhecer e, sobretudo, desfrutar. Por não estar interessado nas coisas, ele não tem problemas. Em lugar de problemas, tem programas. E mesmo assim continua sendo um homem: vai morrer e sabe disso. Nós morremos de coisas como problemas insolúveis, e ele morre de não-coisas como programas errados. Essas reflexões permitem que nos aproximemos dele. A irrupção da não-coisa em nosso mundo consiste numa guinada radical, que não atingirá a disposição básica da existência humana (*Dasein*), o ser para a morte (*das Sein zum Tod*). Seja a morte considerada como a última coisa ou como uma não-coisa.

A NÃO-COISA [2]

O homem, desde sempre, vem manipulando seu ambiente. É a mão, com seu polegar oposto aos demais dedos, que distingue a existência humana no mundo. Essa mão peculiar do organismo humano apreende as coisas. O mundo é por ela apreendido como um conjunto de coisas, como algo concreto. E não é apenas apreendido: as coisas são apanhadas para serem transformadas. A mão imprime formas (*informiert*) nas coisas que pega. E assim surgem dois mundos ao redor do homem: o mundo da "natureza", das coisas existentes (*vorhanden*) e a serem agarradas, e o mundo da "cultura", das coisas disponíveis (*zuhanden*), informadas. Ainda há pouco se acreditava que a história da humanidade era um processo de transformação progressiva da natureza em cultura, graças ao trabalho das mãos. Hoje, essa opinião, essa "fé no progresso", deve ser renegada. De fato, tem se tornado cada vez mais evidente que a mão não deixa em paz as coisas informadas, mas sim continua agitando-as até que se esgote a informação que contêm. A mão consome a cultura e a transforma em lixo. Portanto, não são dois mundos que circundam o homem, mas sim três: o da natureza, o da cultura e o do lixo. Esse lixo tem se tornado cada vez mais interessante: diversas áreas do conhecimento, como por exemplo a ecologia, a arqueologia, a etimologia e a psicanálise, têm se dedicado a estudá-lo. O que se constata é que o lixo retorna para a natureza. A história humana, portanto, não é uma linha reta traçada da natureza à cultura. Trata-se de um círculo, que gira da natureza à cultura, da cultura ao lixo, do lixo à natureza, e assim por diante. Um círculo vicioso.

Para poder saltar desse círculo seria necessário ter à disposição informações inconsumíveis, "inesquecíveis", que não poderiam ser manuseadas. Mas a mão agita todas as coisas, tenta alcançar tudo. As informações inconsumíveis, portanto, não devem ser armazenadas em coisas. Seria preciso produzir uma cultura imaterial (*undinglich*). Se isso ocorresse, não haveria mais esquecimento, e assim a história da humanidade consistiria efetivamente num progresso linear: uma memória crescente, em plena expansão. Somos hoje testemunhas da tentativa de se produzir uma cultura imaterial desse tipo, uma memória expansível. As memórias do computador são um exemplo disso.

A memória do computador é uma não-coisa. De forma similar, também as imagens eletrônicas e os hologramas são não-coisas, pois simplesmente não podem ser apalpadas, apreendidas com a mão. São não-coisas pelo fato de serem informações inconsumíveis. É certo que essas não-coisas continuam enclausuradas em coisas como *chips* de silício, tubos de raios catódicos ou raios *laser*. *O jogo das contas de vidro*, de Hermann Hesse, e trabalhos similares de futurologia permitem que ao menos se imagine uma libertação das não-coisas com relação às coisas. A libertação do *software* com relação ao *hardware*. Mas não é sequer necessário que fantasiemos o futuro: a crescente imaterialidade (*Undinglichkeit*) e a impalpabilidade da cultura já são hoje uma vivência diária. As coisas ao nosso redor estão encolhendo, em uma espécie de "miniaturização", e ficando sempre mais baratas; em contrapartida, as não-coisas em nosso entorno inflam, como é o caso da "informática". E essas não-coisas são simultaneamente efêmeras e eternas. Não estão ao alcance da mão (*vorhanden*), embora estejam disponíveis (*zuhanden*): são inesquecíveis.

Em um contexto como esse, as mãos não têm nada a procurar e nada a fazer. Uma vez que a situação é inalcançável, não há nada a ser tocado ou manipulado. A mão, a atividade de apanhar e de produzir, tornou-se aí supérflua. E o que ainda precisa ser apreendido e produzido é efetuado automaticamente por não-coisas, por programas: por "inteligência artificial" e máquinas robotizadas. Desse modo, o homem se emancipou do trabalho de apreender e de produzir, e ficou desempregado. O atual desemprego não é um "fenômeno conjuntural", mas um sintoma da superficialidade do trabalho nesse contexto imaterial.

As mãos tornaram-se supérfluas e podem atrofiar, mas as pontas dos dedos não. Pelo contrário: elas passam a ser as partes mais importantes do organismo. Pois, nesse estado de coisas imateriais (*undinglich*), trata-se de fabricar informações também imateriais e de desfrutar delas. A produção de informações é um jogo de permutação de símbolos. Desfrutar das informações significa apreciá-los, e nessa situação imaterial, trata-se de jogar com eles e observá-los. E, para jogar com os símbolos, para programar, é necessário pressionar teclas. Deve-se fazer o mesmo para se apreciar os símbolos, para desfrutar dos programas. As teclas são dispositivos que permutam símbolos e permitem torná-los perceptíveis: consideremos, por exemplo, o piano ou a máquina de escrever. As pontas dos dedos são indispensáveis para pressionarmos as teclas. O homem, nesse futuro de coisas imateriais, garantirá sua existência graças às pontas dos dedos.

E aí se pode perguntar o que acontece, em termos existenciais, quando pressiono uma tecla. O que ocorre quando pressiono uma tecla na máquina de escrever, no piano, no aparelho de televisão, no telefone. O que acontece quando o presidente dos Estados Unidos aciona o botão vermelho ou quando o fotógrafo pressiona o botão do obturador. Eu escolho uma tecla, decido-me por uma tecla. Decido-me por uma determinada letra na máquina de escrever, por um determinado tom no piano, por um determinado programa de televisão, por um número específico de telefone. O presidente opta por uma guerra, o fotógrafo, por uma imagem. As pontas dos dedos são "órgãos" de uma escolha, de uma decisão. O homem emancipa-se do trabalho para poder escolher e decidir. A situação em que se encontra, sem trabalho e sem coisas (*undinglich*), lhe permite a liberdade de escolha e de decisão.

Essa liberdade das pontas dos dedos, sem mãos, é no entanto inquietante. Se coloco o revólver contra minhas têmporas e aperto o gatilho, é porque decidi pôr termo à minha própria vida. Essa é aparentemente a maior liberdade possível: ao pressionar o gatilho, posso me libertar de todas as situações de opressão. Mas, na realidade, ao pressioná-lo, o que faço é desencadear um processo que já estava programado em meu revólver. Minha decisão não foi assim tão livre, já que me decidi dentro dos limites do programa do revólver. E, igualmente, do programa da máquina de escrever, do programa do piano, do programa da televisão, do programa do telefone, do programa administrativo americano, do programa da máquina fotográfica. A liberdade de decisão de pressionar uma tecla com a ponta do dedo mostra-se como uma liberdade programada, como uma escolha de possibilidades prescritas. O que escolho, o faço de acordo com as prescrições.

Por isso, é como se a sociedade do futuro, imaterial, se dividisse em duas classes: a dos programadores e a dos programados. A primeira seria daqueles que produzem programas, e a segunda, daqueles que se comportam conforme o programa. A classe dos jogadores e a classe das marionetes. Mas essa visão parece ser muito otimista. Pois o que os programadores fazem quando pressionam as teclas para jogar com símbolos e produzir informações é o mesmo movimento de dedos feito pelos programados. Eles também tomam decisões dentro de um programa, que poderíamos chamar de "metaprograma". E os jogadores do metaprograma, por sua vez, pressionam metateclas de um "metametaprograma". E esse recurso de meta a meta, de programadores dos programadores de programadores, revela-se infinito. Não: a sociedade do futuro, imaterial, será uma sociedade sem classes, uma sociedade de programados programadores. Essa é portanto a liberdade de decisão que nos é aberta pela emancipação do trabalho. Totalitarismo programado.

Mas trata-se certamente de um totalitarismo extremamente satisfatório, pois os programas são cada vez melhores. Ou seja, eles contêm uma quantidade astronômica de possibilidades de escolha que ultrapassa a capacidade de decisão do homem. De modo que, quando estou diante de uma decisão, pressionando teclas, nunca me deparo com os limites do programa. São tão numerosas as teclas disponíveis que as pontas dos meus dedos jamais poderão tocá-las todas. Por isso tenho a impressão de ser totalmente livre nas decisões. O totalitarismo programador, se estiver algum dia consumado, nunca será identificado por aqueles que dele façam parte: será invisível para eles. Só se faz visível agora, em seu estado embrionário. Somos talvez a última geração que pode ver com clareza o que vem acontecendo por aqui.

E podemos vê-lo claramente, pois ainda temos mãos para alcançar as coisas e manipulá-las. E então podemos reconhecer como não-coisa o totalitarismo programador que se aproxima, por não podermos apreendê-lo. Será que essa inabilidade de apreensão não seria um sinal de que estamos "ultrapassados"? Pois uma sociedade emancipada do trabalho e que acredita ser livre para decidir não seria por acaso uma daquelas utopias desde sempre imaginadas pela humanidade? Será que não estamos nos aproximando da plenitude das eras? Para poder julgar isso, haveria de se analisar com mais precisão o que se entende por "programa" – esse conceito fundamental dos tempos atuais e futuros.

RODAS

Um dos efeitos do nazismo que mais se prolongou no tempo foi a kitschização da suástica. E isso não significa pouco, se considerarmos que o símbolo está assentado nas profundezas da consciência humana. E encontra-se instalado de uma forma tão arraigada a ponto de, metaforicamente, tornar raso o Atlântico: a suástica tem um aspecto muito similar para os celtas e os astecas. Este ensaio pretende refletir sobre esse símbolo, mas antes será apresentada uma observação metodológica.

As coisas podem ser vistas pelo menos de duas maneiras: mediante observação e por meio da leitura. Quando observadas, as coisas são vistas como fenômenos. No caso da suástica, por exemplo, vemos duas barras que se cruzam, e, nas extremidades das barras, ganchos. Quando lemos as coisas, pressupomos que elas signifiquem algo, e tentamos decifrar esses significados. (No tempo em que o mundo era considerado um livro, *natura libellum*, e enquanto se tentava decifrá-lo, era impossível uma ciência natural sem pressuposições. E, desde que o mundo começou a ser observado, e não mais lido, passou a não ter mais significado.) Se alguém se aproximar da suástica para lê-la, verá quatro raios emitidos a partir de um eixo; esses raios giram no sentido dos ganchos, e os ganchos começam a descrever uma circunferência. Do ponto de vista da leitura, o signo manifesta-se dizendo: sou a roda solar, e estou irradiando.

E aqui devo confessar o motivo deste ensaio: se observarmos a condição do mundo pós-industrial, ficaremos impressionados com o lento, porém irreversível, desaparecimento das rodas. Não se ouve mais seu ruído nos aparelhos eletrônicos. Aquele que quer avançar não se coloca mais so-

bre rodas, mas sim sobre asas, e uma vez que a biotecnologia tiver superado a mecânica, as máquinas deixarão de ter rodas e passarão a ter dedos, pernas e órgãos sexuais. Talvez a roda esteja prestes a se converter em um mero círculo, e depois em mais uma entre tantas outras curvas. Antes que essa decadência das rodas se encaminhe ainda mais rapidamente para o fim, parece indispensável interpretar a profunda inapreensibilidade da roda – ainda que nesses momentos finais e apesar da kitschização – a partir da imagem da roda solar.

A imagem aponta do signo ao significado, da suástica ao Sol. É um disco incandescente que gira ao redor da Terra. Mas somente o semicírculo superior que descreve, do nascer ao pôr-do-sol, se faz visível. O semicírculo inferior permanece um segredo obscuro. Esse círculo eterno, que se repete eternamente em suas fases, é completamente antiorgânico (*antiorganisch*). No reino dos seres vivos não existem rodas, e as únicas coisas que rolam são as pedras e os troncos de árvores derrubados. E a vida é um processo: descreve um trecho que vai do nascimento à morte, é um devir em direção ao perecer. Mas a roda do Sol contradiz também a morte, e não somente a vida: retorna secretamente e completa o círculo, do ocaso à alvorada. A roda solar supera a vida e a morte, e o mundo todo se faz visível sob essa roda, pois é exatamente essa roda que o torna passível de ser visto.

E quando se olha o mundo desse modo, ele parece o seguinte: um cenário em que homens e coisas interagem entre si, isto é, trocam de posição uns com os outros. A roda do Sol, o círculo do tempo, coloca tudo e todas as coisas de volta no lugar que lhes é devido. Cada movimento é um delito cometido por homens e coisas contra si mesmos e contra a eterna ordem circular, e o tempo se move em círculo para expiar os delitos e voltar com os homens e as coisas para seu devido lugar. Portanto, não existem diferenças essenciais entre homens e coisas: ambos são animados pelo desejo de provocar desordem, e ambos são levados pelo tempo e com o tempo rumo ao perecimento. Tudo no mundo é animado, pois tudo se move e deve ter um motivo para se mover. E o tempo é o juiz e o carrasco: ele circula pelo mundo, dispõe tudo em seus devidos lugares e passa como uma roda por cima de tudo, atropelando e destruindo o que encontra em seu caminho. Foi nessa atmosfera de culpa, de expiação e de eterno retorno, ou, em outras palavras, sob o signo da roda solar que a humanidade viveu a maior parte de seu tempo na Terra.

Sempre existiram homens que tentaram se rebelar contra a roda do destino. Mas o que conseguiam com isso era apenas provocar ainda mais o destino. Édipo dormiu com sua mãe exatamente porque não o queria e, por esse mesmo motivo, teve de arrancar seus próprios olhos. A isso os gregos chamavam de "heroísmo". Os pré-socráticos quiseram superar a roda pelo lado de fora, pela via da transcendência. Eles acreditavam que mesmo a roda, para poder se mover, tinha de ter um motivo, um motor (*Beweger*). A idéia desse motor imóvel situado além do tempo, desse motivo não motivado em si mesmo, idéia aprimorada posteriormente por Aristóteles, é fundamental para se pensar o conceito ocidental de Deus.

Muito antes dos pré-socráticos, porém, surgiu na Mesopotâmia um tipo de heroísmo bastante diferente. Tentemos nos colocar no papel de um sacerdote sumério. A partir de suas previsões, tentava decifrar o mundo que girava sobre rodas. Via o nascimento, a morte e o renascimento, via a culpa e a expiação, o dia e a noite, o verão e o inverno, a guerra e a paz, dias de prosperidade e de miséria, e via como essas fases estavam como que engrenadas umas com as outras de modo cíclico. A partir desses ciclos e epiciclos, o sacerdote podia interpretar o futuro – astrologicamente, por exemplo – não para evitá-lo, mas para profetizá-lo. E de repente lhe ocorreu a incrível idéia de construir uma roda que girasse na direção contrária à da roda do destino. Uma roda que, se colocada no Eufrates, poderia mudar a direção das águas, de modo que, em vez de fluírem para o mar, seriam conduzidas para os canais. Do nosso ponto de vista atual, esse era um pensamento técnico. Mas, para aquela época e naquele lugar, representava uma ruptura difícil de ser compreendida. A invenção da roda rompeu o círculo mágico da pré-história, fraturou o destino. Abriu o caminho para uma nova forma de tempo – a história. Se há alguma coisa que mereça ser chamada de "catástrofe", essa coisa seria a roda-d'água.

Esse giro filosófico não nos deve impedir de acompanhar os estágios seguintes do desenvolvimento da roda, ou seja, devemos nos lembrar daquelas carroças, puxadas por burros, que transportavam cereais para os moinhos. Essa é uma cena totalmente diferente daquela do sacerdote engenhoso e heróico. Ela encontra-se no meio da história e está mais próxima da Revolução Industrial que do mito. Pois a idéia da roda veicular (*Fahrrad*),* isto é, a roda na carroça, deve-se inteiramente à consciência histórica, e só pode surgir onde se vive historicamente.

Por exemplo: imaginemos uma roda hidráulica que se soltasse do eixo e ainda fosse impulsionada. Ela deveria rolar por um espaço infinitamente extenso, durante um tempo infinitamente longo, e é isso o que se chama de "história": um rolar infinitamente longo e infinitamente extenso. Mas é evidente que aqui não se trata disso, mas sim de que é necessário um motor, por exemplo o cavalo, que precisa dar à roda impulso contínuo para mantê-la rolando. Como podemos afinal explicar o fato de que uma roda veicular (*Fahrrad*) tem de ser uma roda motorizada (*Motorrad*) e não pode ser um automóvel (*Automobil*) ou um *perpetuum mobile*, e também não pode ser algo motivado eternamente? A idéia da roda veicular não pode esclarecer isso por si só. Por ser um círculo, a roda está sempre em contato com o

* *Fahrrad*, em alemão, significa bicicleta. No entanto, a tradução mais apropriada aqui é "roda veicular", que seria uma tradução literal do termo alemão, composto das palavras "*Rad*" (roda) e "*fahren*" (conduzir, guiar). Neste texto, Flusser joga com a etimologia das palavras bicicleta, motocicleta (*Motorrad*) e automóvel (*Automobil*). [N.T.]

solo mediante um único ponto. Como um ponto é algo sem dimensão (*nulldimensional*), um nada, a roda então nunca está em contato com a realidade sobre a qual avança, e por isso não deveria de modo algum ser influenciada por ela. No entanto, a roda roça a superfície ilusória do mundo, e os cavalos têm que puxá-la para mantê-la rodando.

Pode-se pensar o quanto nos distanciamos do mundo mítico da roda solar ao formularmos o problema da roda veicular. Digamos que a diferença fundamental entre o

mundo do mito e o nosso próprio mundo seja esta: no primeiro não pode haver movimento imotivado. Se algo se move é porque tem algum motivo, ou seja, alguma causa o anima. Em nosso mundo, ao contrário, o movimento exige maiores explicações. Nosso mundo é inerte ou, para dizer de forma mais elegante, a lei da inércia explica todo e qualquer movimento e todo e qualquer repouso. Certamente existem também em nosso mundo movimentos que parecem motivados, como por exemplo nossos próprios movimentos. Esses movimentos anormais, por sua vez, caracterizam os seres vivos. O século XVIII nutria a esperança de explicar satisfatoriamente os motivos dos seres vivos como fábulas, e pretendia explicar os seres vivos como máquinas. Essa esperança não se realizou, e ainda: o mundo dos mitos é um mundo animado, tudo nele são seres vivos, movimentados pela roda do destino; já o nosso mundo é inerte, sem vida, apesar de os seres vivos ocorrerem nele, e esse mundo inerte roda sem cessar e sem motivo algum.

Como é então que, por exemplo, os ciclistas continuam perdendo o equilíbrio? Porque um ponto apenas na teoria pode significar nada, e porque uma roda, também apenas teoricamente, corresponde a um círculo. Na prática, um ponto é sempre alongado e um círculo, sempre irregular. Conforme a lei da inércia, as rodas deveriam rodar eternamente, mas na prática o atrito acaba freando-as. Isso não quer dizer que ao construirmos bicicletas tenhamos que renunciar à teoria. Pelo contrário: significa que temos de introduzir uma teoria do atrito dentro da teoria da inércia. Ao considerarmos a carroça puxada pelo cavalo, encontramo-nos no meio de uma contradição entre teoria e observação, entre teoria e experimento, em suma, entre o pensamento científico e o pensamento técnico.

Desde que, com a invenção da roda-d'água e, posteriormente, da roda veicular, conseguimos romper a roda fatal do eterno retorno do mesmo, o mundo se tornou inerte e inanimado, e por isso ilusório e repulsivo. Mas graças à dialética entre teoria e experimento podemos superar a ilusão repulsiva (*widerliche Tücke*) do mundo inanimado e obrigá-la a servir de base para um progresso que rola de modo ilimitado. A roda do progresso não pode avançar de forma automática eternamente, já que é forçada a superar resistências cegas e imotivadas do mundo inanimado, como por exemplo a gravidade terrestre e as irregularidades da superfície. A roda do progresso necessita de um motor, e esse motor somos nós mesmos, nossa própria vontade. Daí o *slogan* da triunfante Revolução Industrial: "Se depender de seu braço forte, as rodas param de se mover", ou então: "Somos os condutores de todas as rodas, o Deus vivo de um universo morto".

Mas essa situação infelizmente não vai durar muito. Há pouco tempo tornou-se claro que os atritos que detêm a roda do progresso podem ser superados de modo efetivo, e que o progresso começa então de fato a rolar automaticamente. Ele se torna um automóvel. E assim qualquer mudança de direção da roda por parte da humanidade se torna desnecessária. O progresso começa a derrapar, como acontece com os carros que estão numa pista no gelo. E existe o perigo de que, em meio a um progresso que desliza sem atritos, a humanidade seja atropelada exatamente quando tenta pisar no freio. Uma situação que lembra aquela de Édipo, que se rebela contra a roda do destino e arranca os próprios olhos. Talvez isso consiga explicar o esforço atual no sentido de desconectar todas as rodas e de saltar deste mundo de rodas para outro a ser ainda experimentado. O presente ensaio traduz-se em uma tentativa de olhar mais uma vez para trás – antes de saltar do automóvel em movimento deslizante e livre de atritos – para capturar, pela última vez, atrás das rodas que derrapam, aquele mistério irradiante a partir do qual toda a história da humanidade foi colocada em movimento.

SOBRE FORMAS E FÓRMULAS

O Eterno (louvado seja Seu nome) formou o mundo a partir do caos, do *Tohuwabohu*. Os neurofisiologistas (será melhor que permaneçam no anonimato) descobriram Seu segredo, e agora qualquer designer que se preze é capaz de imitá-lo e inclusive de fazer melhor do que Ele.

É o que parece: durante muito tempo acreditou-se que as formas que o Deus Criador havia preenchido com conteúdo estavam ocultas atrás desse conteúdo, esperando para serem descobertas. Por exemplo, pensava-se que Deus havia inventado a forma do céu e a havia superposto ao caos no primeiro dia da criação. Assim haviam surgido os céus. Depois, pessoas como Pitágoras e Ptolomeu haviam descoberto essas formas divinas por trás dos fenômenos e as haviam anotado. Tratava-se de ciclos e epiciclos; isso é o que se conhece como pesquisa: descobrir o design divino por trás dos fenômenos.

Desde a Renascença temos nos deparado com algo surpreendente e, ainda hoje, não totalmente digerido: os céus podem ser formulados e formalizados, na verdade, em ciclos e epiciclos ptolomaicos, mas, melhor ainda, em círculos copernicanos e nas elipses de Kepler.

Como é possível isso? Deus, o Criador, usou ciclos, epiciclos ou elipses no primeiro dia da criação? Ou será que não foi Deus, nosso Senhor, mas sim os senhores astrônomos que estabeleceram essas formas? Será que as formas não são divinas, mas sim humanas? Não serão eternas no além-mundo, mas plásticas e modeláveis no nosso mundo? Não serão idéias e ideais, mas fórmulas e modelos? O difícil de digerir nesse assunto não é o fato de destituirmos Deus para colocarmos os designers como criadores do mundo. Não, o que realmente não se pode digerir é que, se fosse verdade que estivéssemos ocupando o trono de Deus, os céus (e em geral todo aspecto da natureza) deveriam poder ser formalizados do modo que quiséssemos, e isso não se dá assim. Por que os planetas descrevem órbitas circulares, epicíclicas ou elípticas, e não quadradas ou triangulares? Por que é que podemos formular as leis naturais de diversos modos, mas não do modo que queremos? Existe por acaso alguma coisa lá fora que esteja preparada para engolir algumas de nossas fórmulas, ainda que nos cuspa na face outras? Haverá talvez uma "realidade" exterior que permita ser informada e formulada por nós, mas que nos exija no entanto uma certa adequação a ela?

A pergunta é difícil de ser digerida, uma vez que não se pode ser designer e criador do mundo e, ao mesmo tempo, estar submetido a ele. Felizmente (um "graças a Deus" não tem muito sentido aqui) descobrimos há pouco uma solução para essa aporia. Uma solução que se retorce como a fita de Moebius. Ei-la: nosso sistema nervoso central (SNC) recebe de seu entorno (que, é claro, inclui também nosso próprio corpo) estímulos codificados digitalmente. Esses estímulos são processados por meio de métodos eletromagnéticos e químicos ainda não totalmente conhecidos e o sistema os converte em percepções, sentimentos, desejos e pensamentos. Percebemos o mundo, o sentimos e o desejamos conforme processado pelo SNC. Esse processo é pré-programado no SNC. E está inscrito nele, dentro de nossa informação genética. O mundo tem para nós as formas que estão inscritas na informação genética desde o princípio da vida na Terra. Isso explica por que não podemos impor ao mundo as formas que quisermos. O mundo só aceita aquelas formas que correspondem ao nosso programa de vida.

Estamos pregando não somente uma, mas uma série de peças nesse programa vital. Temos de fato inventado métodos e aparatos que funcionam de modo similar ao sistema nervoso, só que de maneira diferente. Podemos computar esses estímulos (partículas) que chegam por todos os lados de modo distinto ao do SNC. Somos capazes de criar percepções, sentimentos, desejos e pensamentos distintos, alternativos. Além do mundo computado pelo SNC, podemos também viver em outros mundos. Podemos estar-aí (*dasein*) de várias maneiras distintas. E a palavra "aí" (*da*) inclusive pode significar várias coisas. O que acabamos de dizer é certamente terrível, inclusive monstruoso, mas existem termos mais familiares para isso: *cyberespaço* ou *espaço virtual*, que são denominações paliativas. E esses termos significam a seguinte receita: tome uma forma, qualquer que seja, qualquer algoritmo articulável numericamente. Introduza essa forma, por meio de um computador, em um *plotter*. Preencha tanto quanto possível essa forma (que se fez visível desse modo) com partículas. E então observe:

mundos surgirão. Cada um desses mundos é tão real quanto aquele do sistema nervoso central (pelo menos esse nosso SNC), desde que consiga preencher as formas tão completamente quanto o SNC.

Esse é um belo caldeirão das bruxas: cozinhamos mundos com as formas que quisermos e o fazemos ao menos tão bem como o fez o Criador no decorrer dos famosos seis dias. Somos *os* autênticos mestres-feiticeiros, *os* autênticos designers, e isso nos permite, agora que conseguimos superar Deus, jogar a questão da realidade sobre a mesa e dizer, junto com Immanuel Kant: "real" é tudo aquilo que é computado em formas, de modo decente, eficaz e consciente; e "irreal" (onírico, ilusório) é aquilo que é computado de modo desmazelado. Por exemplo, a imagem da mulher que amamos não é de todo real porque fizemos nosso trabalho onírico de modo descuidado. No entanto, se encomendarmos essa imagem a um designer profissional, que tenha em mãos, se possível, um hológrafo, ele sim nos proporcionará mulheres que realmente amamos, e não sonhos descuidados. É assim que as coisas parecem estar caminhando.

Descobrimos as artimanhas do Eterno (louvado seja Seu nome), roubamos suas receitas de cozinha e agora cozinhamos inclusive melhor do que Ele. Será que estamos realmente em uma nova história? Como era mesmo o conto de Prometeu e o fogo roubado? Quem sabe não acreditamos estar simplesmente sentados diante do computador, quando na realidade estamos encarcerados no Cáucaso? E talvez alguns pássaros já estejam lá afiando o bico, preparando-se para nos comer o fígado.

POR QUE AS MÁQUINAS DE ESCREVER ESTALAM?

A explicação é simples: o estalar condiz mais com a mecanização do que o deslizar. As máquinas são gagas, mesmo quando parecem estar deslizando. É o que se percebe por exemplo nos carros ou nos projetores de filme quando estão funcionando mal. Mas a explicação não é suficiente. Pois o que está por trás da pergunta é o seguinte: por que as máquinas gaguejam? E a resposta é: porque tudo no mundo (e o mundo como um todo) gagueja. Mas isso só se percebe quando se observa bem de perto. É bem verdade que Demócrito já o suspeitara, no entanto somente Planck pôde prová-lo: tudo é quantizável. Eis por que os números convêm ao mundo, mas as letras não. O mundo é calculável, mas indescritível. Por isso os números deveriam livrar-se do código alfanumérico e tornar-se independentes. As letras induzem meras conversas vazias *sobre* o mundo, e deveriam ser deixadas de lado como algo inadequado a ele. E é isso, de fato, o que vem ocorrendo. Os números migram do sistema alfanumérico para novos sistemas (como por exemplo os digitais) e alimentam os computadores. As letras, por sua vez (se quiserem sobreviver), devem simular os números. Por isso as máquinas de escrever estalam.

Mas ainda há o que dizer sobre o tema. Por exemplo: o fato de que tudo no mundo gagueja só ficou evidente quando se começaram a contar todas as coisas. Para contar, foi preciso fragmentar o todo em pedrinhas (*calculi*), e a cada uma dessas pedrinhas foi anexado um número. Será, portanto, que o fato de o mundo ser uma dispersão de partículas é conseqüência do nosso contar? Quer dizer então que não se trataria absolutamente de uma descoberta, mas sim de uma invenção? Por acaso não descobrimos no mundo aquilo que nós mesmos teríamos inserido nele? O mundo talvez seja calculável apenas porque nós o construímos para os nossos cálculos. Não são os números que são adequados ao mundo, mas o contrário: nós montamos o mundo de modo que se tornasse adequado ao nosso código numérico. Pensamentos como esses são inquietantes.

São inquietantes exatamente por levarem à seguinte conclusão: o mundo consiste atualmente numa dispersão de partículas porque nós o engendramos de modo a adaptá-lo aos nossos cálculos. Antes, porém (pelo menos desde os filósofos gregos), o mundo era descrito alfabeticamente. Portanto, ele tinha de se adaptar às regras do discurso disciplinado, às regras da lógica, e não às da matemática. De fato, Hegel ainda era da opinião, que hoje nos parece insensata, de que tudo no mundo seria lógico. Atualmente somos de opinião contrária: tudo no mundo é redutível a contingências absurdas, que podem ser perfeitamente avaliadas por meio do cálculo de probabilidades. Hegel pensava exatamente por palavras (em "discursos dialéticos"), enquanto nós pensamos calculando (processando dados pontuais).

A coisa se torna ainda mais inquietante se pensarmos que Russell e Whitehead, em seu *Principia mathematica*, demonstraram que as regras da lógica não seriam totalmente redutíveis àquelas da matemática. Os dois tentaram, como se sabe, manipular matematicamente o pensamento lógico ("função proposicional"), e depararam-se aí com essa irredutibilidade. Portanto, não é possível estabelecer uma ponte realmente adequada entre o mundo descrito (como o de Hegel) e o mundo calculado (a exemplo de Planck). Desde que aplicamos metodicamente o cálculo ao mundo (ou seja, pelo menos desde a geometria analítica de Descartes), a estrutura do mundo modificou-se a ponto de tornar-se irreconhecível. E isso foi sendo lentamente divulgado até se fazer sabido.

Daí podemos nos ver impelidos a concluir que o modo como o mundo está estruturado depende de nós próprios. Se desejarmos descrevê-lo, então ele figurará como um discurso lógico, mas, se preferirmos calculá-lo, ele se assemelhará à dispersão de partículas. Seria uma conclusão precipitada. Somente quando começamos a calcular é que passamos a dispor de máquinas (como, por exemplo, as máquinas de escrever), e sem elas não poderíamos viver, mesmo se quiséssemos. Portanto, somos obrigados a calcular em vez de escrever, e se, apesar disso, quisermos escrever, teremos de fazer as máquinas estalarem. Fica parecendo o seguinte: que o mundo teria de ser construído de fato para o cálculo, mas que ele mesmo exigiria esse modo de construção.

Nesse ponto do quebra-cabeça é recomendável um pouco de prudência. Caso contrário, pode-se correr o risco de cair onde não há chão nem fundamento (no campo religioso).

Para evitar semelhante queda na sacralização pitagórica dos números, deve-se examinar o gesto envolvido no ato de fazer contas, que é oposto ao gesto de escrever. Quando a escrita ainda era manual, o que se fazia era traçar, da esquerda para a direita (no que diz respeito aos povos ocidentais), uma linha toda torcida com interrupções em certos lugares. Consistia num gesto linear. Para calcular, é preciso escolher pedrinhas num monte e acumulá-las em pequenos montículos. Trata-se de um gesto pontual. Em primeiro

lugar, calcula-se (ao escolher) e depois computa-se (ao acumular). Analisa-se primeiro para depois sintetizar. Eis a radical diferença entre escrever e contar: o contar procura alcançar sínteses, mas o escrever não.

Aqueles que se dedicam a escrever tentam negar isso. No ato de contar, vêem apenas o cálculo, que acreditam ser frio e carente de sentimentos. Esse é um mal-entendido quase malévolo. Quando se faz contas, trata-se de, pelo ato de computar, transformar aquilo que é friamente calculado em algo novo, algo que nunca existira antes. Esse ímpeto criativo é vedado àqueles que não se dão bem com as contas, por verem nelas apenas números. Essas pessoas não estão aptas a experimentar a beleza e a profundidade filosófica de certas equações extraordinárias (como, por exemplo, as de Einstein). Mas desde que os números foram transcodificados em cores, formas e tons, graças aos computadores, a beleza e a profundidade do cálculo tornaram-se perceptíveis aos sentidos. Pode-se ver nas telas dos computadores sua potência criativa, pode-se ouvi-la em forma de música sintetizada e futuramente talvez se possa, nos hologramas, tocá-la com as mãos. O que é fascinante no cálculo não é o fato de que ele constrói o mundo (o que a escrita também pode fazer), mas a sua capacidade de projetar, a partir de si mesmo, mundos perceptíveis aos sentidos.

Seria pouco proveitoso desprezar esses universos projetados sinteticamente como ficções ou simulações do mundo efetivo (*eigentlichen*). Esses primeiros são acumulações de pontos, computações de cálculos. Perceba-se que isso vale também para o mundo "efetivo" em que fomos jogados. Também ele é computado mediante cálculos por nosso sistema nervoso a partir de estímulos pontuais. Portanto, ou os mundos projetados são tão reais (*wirklich*) quanto o "efetivo" (caso possam reunir os pontos com a mesma densidade com que o faz este último), ou o mundo percebido como "efetivo" é tão fictício quanto os universos projetados. A revolução cultural hoje consiste no fato de que nos tornamos aptos a construir universos alternativos e paralelos a este que nos foi supostamente dado; de que, de sujeitos de um único mundo, estamos nos convertendo em projetos de vários mundos; e de que começamos a aprender a calcular.

Diz Omar Khayyam: "Oh, amor, se pudéssemos conspirar com o destino, /de modo a compreender essa melancólica e íntegra estrutura das coisas! /Acaso não a desintegraríamos em pedaços /para computá-la conforme o desejo do coração?". Todos percebem que estamos desintegrando em pedaços (*Bits*) a desprezível estrutura íntegra das coisas. Mas não vêem que podemos transcodificá-la de acordo com a vontade do coração. As pessoas deveriam de uma vez por todas aprender a contar.

CÓDIGOS

O QUE É COMUNICAÇÃO?

A comunicação humana é um processo artificial. Baseia-se em artifícios, descobertas, ferramentas e instrumentos, a saber, em símbolos organizados em códigos. Os homens comunicam-se uns com os outros de uma maneira não "natural": na fala não são produzidos sons naturais, como, por exemplo, no canto dos pássaros, e a escrita não é um gesto natural como a dança das abelhas. Por isso a teoria da comunicação não é uma ciência natural, mas pertence àquelas disciplinas relacionadas com os aspectos não naturais do homem, que já foram conhecidas como "ciências do espírito" (*Geisteswissenschaften*). A denominação americana "*humanities*" expressa melhor a condição dessas disciplinas. Ela indica na verdade que o homem é um animal não natural.

Apenas nesse sentido pode-se chamar o homem de um animal social, de um "*zoon politikon*". Ele é um idiota (na origem da palavra, uma pessoa privada, *Privatperson*), caso não tenha aprendido a se servir dos instrumentos de comunicação, como, por exemplo, a língua. A idiotia, o ser-homem imperfeito, é falta de arte. Certamente existem também relações "naturais" entre os homens, como a relação entre a mãe e o lactante ou então uma relação sexual, e pode-se afirmar que essas seriam as formas de comunicação mais originais e fundamentais. Mas elas não caracterizam a comunicação humana, e são amplamente influenciadas pelos artifícios, são "influenciadas pela cultura".

O caráter artificial da comunicação humana (o fato de que o homem se comunica com outros homens por meio de artifícios) nem sempre é totalmente consciente. Após aprendermos um código, tendemos a esquecer a sua artificialidade: depois que se aprende o código dos gestos, pode-se esquecer que o anuir com a cabeça significa apenas aquele "sim" que se serve desse código. Os códigos (e os símbolos que os constituem) tornam-se uma espécie de segunda natureza, e o mundo codificado e cheio de significados em que vivemos (o mundo dos fenômenos significativos, tais como o anuir com a cabeça, a sinalização de trânsito e os móveis) nos faz esquecer o mundo da "primeira natureza". E esse é, em última análise, o objetivo do mundo codificado que nos circunda: que esqueçamos que ele consiste num tecido artificial que esconde uma natureza sem significado, sem sentido, por ele representada. O objetivo da comunicação humana é nos fazer esquecer desse contexto insignificante em que nos encontramos – completamente sozinhos e "incomunicáveis" –, ou seja, é nos fazer esquecer desse mundo em que ocupamos uma cela solitária e em que somos condenados à morte – o mundo da "natureza".

A comunicação humana é um artifício cuja intenção é nos fazer esquecer a brutal falta de sentido de uma vida condenada à morte. Sob a perspectiva da "natureza", o homem é um animal solitário que sabe que vai morrer e que na hora de sua morte está sozinho. Cada um tem de morrer sozinho por si mesmo. E, potencialmente, cada hora é a hora da morte. Sem dúvida não é possível viver com esse conhecimento da solidão fundamental e sem sentido. A comunicação humana tece o véu do mundo codificado, o véu da arte, da ciência, da filosofia e da religião, ao redor de nós, e o tece com pontos cada vez mais apertados, para que esqueçamos nossa própria solidão e nossa morte, e também a morte daqueles que amamos. Em suma, o homem comunica-se com os outros; é um "animal político", não pelo fato de ser um animal social, mas sim porque é um animal solitário, incapaz de viver na solidão.

A teoria da comunicação ocupa-se com o tecido artificial do deixar-se esquecer da solidão, e por causa disso é uma "*humanity*". Na verdade, aqui não é o lugar de se falar da diferença entre "natureza", por um lado, e "arte" (ou "cultura", ou "espírito"), por outro. Mas a conseqüência metodológica da afirmação de que a teoria da comunicação não é uma ciência natural tem que ser abordada. No final do século XIX, suspeitava-se que as ciências naturais esclareciam os fenômenos, ao passo que as "ciências do espírito" os interpretavam. (Por exemplo, uma nuvem é explicada quando se indicam suas causas, e um livro é interpretado quando se remete a seu significado.) Depois, a teoria da comunicação seria uma disciplina interpretativa: ela tem que criar significados.

Infelizmente perdemos a inocência de acreditar que os próprios fenômenos exigem explicação ou interpretação. As nuvens podem ser interpretadas (os videntes e muitos psicólogos fazem isso), e os livros podem ser explicados (os materialistas históricos e alguns psicólogos fazem isso). Parece que uma coisa se torna "natureza" na medida em que é explicada, e se torna "espírito" na medida em que alguém decide interpretá-la. Depois, para um cristão tudo seria "arte" (a saber, obra de Deus) e para um filósofo esclarecido do século XVIII tudo seria "natureza" (ou seja, em princípio, explicável). A diferença entre ciência natural e "ciência do espírito" não seria conferida pela coisa, mas pelo posicionamento do pesquisador.

Mas isso não corresponde à condição efetiva das coisas. Pode-se humanizar tudo (como, por exemplo, ler nuvens) ou naturalizar tudo (como descobrir as causas dos livros). No entanto, é preciso que se esteja consciente de que o fenômeno pesquisado mostrará aspectos diversos se submetido a uma ou a outra dessas duas decisões de análise, e por isso há pouco sentido em se falar do "mesmo fenômeno". Uma nuvem interpretada não é a nuvem do meteorologista, e um livro explicado não tem nada a ver com literatura.

Se adaptarmos o que foi dito ao fenômeno da comunicação humana, então reconheceremos o problema metodológico de que se falou. Quando se tenta explicar a comunicação humana (por exemplo, como desenvolvimento da comunicação entre os mamíferos, ou como conseqüência da anatomia humana, ou como método para traduzir informações), está se falando de um fenômeno diferente daquele de quando se tenta interpretá-la (ou seja, mostrar o que ela significa). O presente trabalho pretende tornar visível esse fato. Portanto, a seguir, a teoria da comunicação será entendida como uma disciplina interpretativa (diferentemente, por exemplo, da "teoria da informação" ou da "informática"), e a comunicação humana será abordada como um fenômeno significativo e a ser interpretado.

O caráter não natural desse fenômeno, que se manifesta sob a perspectiva da interpretação, ainda não foi compreendido com a artificialidade de seus métodos (a produção intencional de códigos). A comunicação humana é inatural, contranatural, pois se propõe a armazenar informações adquiridas. Ela é "negativamente entrópica". Pode-se afirmar que a transmissão de informações adquiridas de geração em geração seja um aspecto essencial da comunicação humana, e é isso sobretudo que caracteriza o homem: ele é um animal que encontrou truques para acumular informações adquiridas.

Na verdade, há também na natureza esses processos neguentrópicos. Por exemplo, pode-se considerar o desenvolvimento biológico como uma tendência para formas mais complexas, para acumulação de informações, ou seja, como um processo que conduz a estruturas cada vez menos prováveis. E pode-se dizer que a comunicação humana representa temporariamente um último estágio nesse processo de desenvolvimento. Isso será dito quando se tentar explicar o fenômeno da comunicação humana. Mas nesse caso se tratará de outro fenômeno que não o aqui mencionado.

Do ponto de vista da ciência natural, explicativa, esse armazenamento de informações é um processo que acontece por trás de um decurso bem mais amplo de perda de informação, para finalmente desembocar no processo de acúmulo de informações: um epiciclo. Na verdade, um carvalho é mais complexo que seu fruto, mas ao final ele se transforma em cinzas, que são menos complexas que seu fruto. A estrutura do corpo da formiga é mais complexa que a da ameba, mas, se a Terra se aproximar cada vez mais do Sol, o epiciclo biológico como um todo se transformará por fim em cinzas, que são menos complexas que a ameba. Os epiciclos de armazenamento de informações são na verdade improváveis, mas estatisticamente possíveis. No entanto, estatisticamente, conforme o segundo princípio da termodinâmica, eles têm de desembocar no provável.

De maneira distinta, aliás bem ao contrário disso, surgirá essa tendência neguentrópica da comunicação humana ao se tentar interpretar em vez de explicar. E assim o acúmulo de informações se manifestará não como um processo estatisticamente improvável, embora possível, mas como um propósito humano. E também não se manifestará como uma conseqüência do acaso e da necessidade, mas da liberdade. O armazenamento de informações adquiridas não será interpretado como uma exceção da termodinâmica (conforme se dá na informática), mas como uma intenção contranatural do homem condenado à morte.

Na verdade, dá-se o seguinte: a afirmação de que a comunicação humana seria um artifício contra a solidão para a morte e a afirmação de que ela seria um processo que corre contra a tendência da natureza à entropia dizem o mesmo: a tendência cega da natureza para situações cada vez mais prováveis, para a aglomeração, para as cinzas (para a "morte morna"), não é senão o aspecto objetivo da experiência subjetiva de nossa estúpida solidão e de nossa condenação à morte. Considerando a comunicação humana do ponto de vista da existência (como tentativa de superação da morte por meio da companhia dos outros), ou então considerando-a do ponto de vista formal (como tentativa de produzir e armazenar informações), fica parecendo que ela, entre outros aspectos, é uma tentativa de negar a natureza, na verdade tanto a "natureza" lá fora como também a "natureza" do homem. É por isso que estamos todos engajados na comunicação.

Ao interpretarmos nosso engajamento dessa maneira, tornam-se insignificantes as reflexões estatísticas (e sobretudo as quantificáveis). Perguntar-se sobre a probabilidade de as pedras e os tijolos se agruparem, formando uma cidade, e sobre quando serão novamente derrubados em uma pilha de ruínas, é portanto errôneo. A cidade surge graças à intenção de se dar um significado ao ser-para-a-morte (*Dasein zum Tod*), a essa existência sem sentido. Perguntar-se quantos macacos teriam que fazer estalar as máquinas de escrever, e por quanto tempo, para que a *Divina Comédia* fosse "necessariamente" datilografada consiste, portanto, em algo sem sentido. A obra de Dante não deve ser explicada a partir de suas causas, mas a partir de suas intenções. Não se pode medir, portanto, o engajamento humano em armazenar informações contra a morte com a mesma escala utilizada pela ciência natural. O teste do carbono mede o tempo natural, por exemplo, de acordo com a perda de informação de átomos radioativos específicos. O tempo artificial da liberdade humana (o "tempo histórico") é mensurável não por meio de uma inversão da fórmula utilizada no teste de carbono, conforme o acúmulo de informações. O acúmulo de informações não é, portanto, a medida da história, é apenas uma espécie de lixo morto do propósito contra a morte, desse propósito de fazer funcionar a história, ou seja, a liberdade.

O importante aí é afirmar que não há uma contradição entre a abordagem interpretativa e a abordagem explicativa da comunicação, entre a teoria da comunicação e a informática. Um fenômeno não é uma "coisa em si", mas algo que se manifesta numa observação, e por isso há pouco sentido em se falar da "mesma coisa" nos dois modos de observação. A comunicação, no caso da informática, é um fenômeno diverso desse de que trata este trabalho. Na informática, a comunicação é um processo "natural", e por isso deve ser explicada objetivamente. Aqui ela é um processo "contranatural", e deve ser interpretada intersubjetivamente. Em algum lugar esses dois campos visuais vão se separar: o conjunto dessas duas perspectivas pode ser compreendido a partir de uma terceira perspectiva. Isso, no entanto, vai além do propósito deste trabalho, em que se optou por um ponto de vista "humanístico": ele trata da comunicação humana como um fenômeno da liberdade.

Vamos resumir: a comunicação humana aparece aqui como propósito de promover o esquecimento da falta de sentido e da solidão de uma vida para a morte, a fim de tornar a vida vivível. Esse propósito busca alcançar a comunicação, na medida em que estabelece um mundo codificado, ou seja, um mundo construído a partir de símbolos ordenados, no qual se represam as informações adquiridas. Esta seção pretende levantar a questão dos códigos e seus símbolos para tratá-la mais à frente. Este capítulo deve então abarcar a aquisição e o armazenamento de informações. E, conforme o método interpretativo aqui abordado, essa questão deve ser formulada da seguinte maneira: como os homens decidem produzir informações e como elas devem ser preservadas?

Esquematicamente pode-se dar a essa questão a seguinte resposta: para produzir informação, os homens trocam diferentes informações disponíveis na esperança de sintetizar uma nova informação. Essa é a forma de comunicação *dialógica*. Para preservar, manter a informação, os homens compartilham informações existentes na esperança de que elas, assim compartilhadas, possam resistir melhor ao efeito entrópico da natureza. Essa é a forma de comunicação *discursiva*.

Essa resposta esquemática deixa duas coisas imediatamente visíveis: (a) nenhuma das duas formas de comunicação pode existir sem a outra; (b) a diferença entre as duas formas é uma questão de "distância" da observação. (a) Para que surja um diálogo, precisam estar disponíveis as informações que foram colhidas pelos participantes graças à recepção de discursos anteriores. E, para que um discurso aconteça, o emissor tem que dispor de informações que tenham sido produzidas no diálogo anterior. A questão sobre a precedência do diálogo e do discurso é conseqüentemente sem sentido. (b) Cada diálogo pode ser considerado uma série de discursos orientados para a troca. E cada discurso pode ser considerado parte de um diálogo. Por exemplo, um livro científico pode, isoladamente, ser interpretado como um discurso. No contexto de outros livros, ele pode ser interpretado como parte de um diálogo científico. E, considerando de uma distância ainda maior, pode ser compreendido como parte de um discurso científico que flui desde a Renascença e que caracteriza a civilização ocidental.

Mas, embora diálogo e discurso estejam implicados um no outro, e embora a diferença entre ambos dependa da observação, trata-se de uma diferença importante. Participar de um discurso é uma situação totalmente distinta da de participar de diálogos. (Uma questão política fundamental vem aqui à expressão.) A conhecida queixa de que "não se pode mais comunicar" é um bom exemplo. O que as pessoas pensam certamente não é que sofram de falta de comunicação. Nunca antes na história a comunicação foi tão boa e funcionou de forma tão extensiva e tão intensiva como hoje. O que as pessoas pensam é na dificuldade de produzir diálogos efetivos, isto é, de trocar informações com o objetivo de adquirir novas informações. E essa dificuldade deve ser conduzida diretamente ao funcionamento hoje em dia tão perfeito da comunicação, a saber, deve ser dirigida para a onipresença dos discursos predominantes, que tornam todo diálogo impossível e ao mesmo tempo desnecessário.

Pode-se afirmar, na verdade, que a comunicação só pode alcançar seu objetivo, a saber, superar a solidão e dar significado à vida, quando há um equilíbrio entre discurso e diálogo. Como hoje predomina o discurso, os homens sentem-se solitários, apesar da permanente ligação com as chamadas "fontes de informação". E quando os diálogos provincianos predominam sobre o discurso, como acontecia antes da revolução da comunicação, os homens sentem-se sozinhos, apesar do diálogo, porque se sentem extirpados da história.

A diferença entre discurso e diálogo e o conceito de equilíbrio entre ambos permitem perspectivas históricas específicas. É possível, por exemplo, distinguir períodos predominantemente dialógicos (como o *ancien régime*, com suas *tables rondes* e *assemblées constitutionelles*) e períodos predominantemente discursivos (como por exemplo o Romantismo, com seus oradores populares e sua noção de progresso). E pode-se tentar compreender a atmosfera existencial que diferencia a participação no diálogo da participação no discurso, graças à crítica da história, ao mesmo tempo estética, política e epistemológica.

Mas naturalmente a distinção entre discurso e diálogo é um método muito grosseiro para compreendermos nossa condição. É preciso refiná-lo um pouco. Por exemplo, é claro que o discurso, assim como aparece e irradia na tela do cinema, não é do mesmo gênero que aquele transmitido pela avó ao narrar os contos de fada. Ou ainda, que o diálogo entre os adolescentes no telefone não é como aquele que acontece em um simpósio filosófico. Então, quando se tenta classificar discurso e diálogo, observa-se que há no mínimo dois critérios à disposição: pode-se buscar a diferença entre o discurso do cinema e o da avó na "mensagem" que está sendo emitida (histórias de crime *versus* contos de fadas), ou na própria "estrutura" da comunicação (no cinema, o receptor senta-se sem se manifestar, ao contrário do neto, que dirige perguntas à avó). Pode-se portanto classificar as diversas formas de comunicação pelo menos "semanticamente" ou "sintaticamente".

Se adotarmos o critério "semântico", os gêneros de comunicação serão catalogados conforme a informação transmitida, por exemplo, nas três classes principais: informação "fática" (indicativo), informação "normativa" (imperativo) e informação "estética" (condicional). Mas pode ser mostrado que os critérios "sintáticos" que ordenam os gêneros de comunicação conforme sua estrutura são adequados para preparar o campo para futuras análises "semânticas". Eles oferecem, por assim dizer, mapas da situação comunicológica, na qual os conteúdos semânticos depois podem ser inscritos. Por isso deve ser proposto nos parágrafos seguintes um catálogo das formas de comunicação, do ponto de vista da estrutura. Naturalmente a relação íntima entre significado e estrutura, entre "semântica" e "sintaxe", não deve ser negada: a forma é condicionada pelo conteúdo e ela o condiciona (embora "o meio não tenha que ser necessariamente a mensagem"). Portanto, é necessário que continuemos nos textos seguintes a nos remeter ao aspecto semântico da comunicação. E, no entanto: o que se quer aqui não é uma reprodução semântica (uma fotografia), mas uma análise estrutural, um "mapa" da nossa condição.

LINHA E SUPERFÍCIE

102

As superfícies adquirem cada vez mais importância no nosso dia-a-dia. Estão nas telas de televisão, nas telas de cinema, nos cartazes e nas páginas de revistas ilustradas, por exemplo. As superfícies eram raras no passado. Fotografias, pinturas, tapetes, vitrais e inscrições rupestres são exemplos de superfícies que rodeavam o homem. Mas elas não equivaliam em quantidade nem em importância às superfícies que agora nos circundam. Portanto, não era tão urgente como hoje que se entendesse o papel que desempenhavam na vida humana. Outro problema de maior importância existia no passado: a tentativa de entender o significado das linhas. Desde a "invenção" da escrita alfabética (isto é, desde que o pensamento ocidental começou a ser articulado), as linhas escritas passaram a envolver o homem de modo a lhe exigir explicações. Estava claro: essas linhas representavam o mundo tridimensional em que vivemos, agimos e sofremos. Mas como representavam isso?

Conhecemos as respostas para essa questão, e sabemos que a cartesiana é decisiva para a civilização moderna: ela afirma, resumidamente, que as linhas são discursos de pontos, e que cada ponto é um símbolo de algo que existe lá fora no mundo (um "conceito"). As linhas, portanto, representam o mundo ao projetá-lo em uma série de sucessões. Desse modo, o mundo é representado por linhas, na forma de um processo. O pensamento ocidental é "histórico" no sentido de que concebe o mundo em linhas, ou seja, como um processo. Não pode ser por acaso que esse sentimento histórico foi articulado primeiramente pelos judeus, o povo do livro, isto é, da escrita linear. Mas não exageremos: somente poucos sabiam ler e escrever, e as massas iletradas desconfiavam, e com certa razão, da historicidade linear dos pequenos funcionários que manipulavam nossa civilização. Mas a invenção da imprensa vulgarizou o alfabeto, e pode-se dizer que nos últimos cem anos ou mais a consciência histórica do homem ocidental se tornou o clima de nossa civilização.

Atualmente isso deixou de ser assim. As linhas escritas, apesar de serem muito mais freqüentes do que antes, vêm se tornando menos importantes para as massas do que as superfícies. Não necessitamos de profetas para saber que o "homem unidimensional" está desaparecendo. O que significam essas superfícies? Essa é a pergunta do momento. Com certeza elas representam o mundo tanto quanto as linhas o fazem. Mas como elas o representam? Será que são adequadas para o mundo? E, caso afirmativo, como? Será que elas representam o "mesmo" mundo que as linhas escritas? O problema é descobrir que tipo de adequação existe entre as superfícies e o mundo, de um lado, e entre as superfícies e as linhas, de outro.

Não se trata mais apenas do problema da adequação do pensamento à coisa, mas do pensamento expresso em superfícies à coisa, de um lado, e do pensamento expresso em linhas, de outro. Ora, existem várias dificuldades na própria formulação do problema. Uma delas é o fato de que o problema precisa ser colocado em linhas escritas, já pressupondo sua conclusão. Outra dificuldade diz respeito ao fato de que, embora predomine agora no mundo o pensamento expresso em superfícies, essa espécie de pensamento não é tão consciente de sua própria estrutura, assim como o é quando expresso em linhas. (Não dispomos de uma lógica bidimensional comparável à lógica aristotélica no que concerne ao rigor e à elaboração.) E existem outras dificuldades. Faz pouco sentido tentar evitá-las dizendo, por exemplo, que pensamentos expressos em telas ou superfícies são "sinópticos" ou "sincréticos". Admitamos as dificuldades, mas vamos tentar, não obstante, pensar o problema.

[A] ADEQUAÇÃO DO "PENSAMENTO-EM-SUPERFÍCIE" AO "PENSAMENTO-EM-LINHA"

Podemos levantar, por exemplo, a seguinte questão: qual a diferença entre ler linhas escritas e ler uma pintura? A resposta é aparentemente simples. Seguimos a linha de um texto da esquerda para a direita, mudamos de linha de cima para baixo, e viramos as páginas da direita para a esquerda. Olhamos uma pintura: passamos nossos olhos sobre sua superfície seguindo caminhos vagamente sugeridos pela composição da imagem. Ao lermos as linhas, seguimos uma estrutura que nos é imposta; quando lemos as pinturas, movemo-nos de certo modo livremente dentro da estrutura que nos foi proposta. Aparentemente essa é a diferença.

No entanto, essa não é uma resposta muito boa para a nossa pergunta, pois sugere que as duas leituras sejam lineares (os caminhos ou pistas sendo considerados como linhas) e que a diferença entre as duas tem a ver com a liberdade. Entretanto, se começarmos a pensar sobre isso, a coisa não parece ser dessa maneira. Podemos de fato ler as pinturas do modo descrito, mas não precisamos fazê-lo assim. Podemos abarcar a totalidade da pintura num lance de olhar e então analisá-la de acordo com os caminhos mencionados. (E é assim que acontece, em geral.) De fato, esse método duplo de ler os quadros, essa síntese seguida de análise (um processo que pode ser repetido inúmeras vezes no curso de uma única leitura) é o que caracteriza a leitura dos quadros. O que significa que a diferença entre ler linhas escritas e ler uma pintura é a seguinte: precisamos seguir o texto se quisermos captar sua mensagem, enquanto na pintura podemos apreender a mensagem primeiro e depois tentar decompô-la. Essa é, então, a diferença entre a linha de uma só dimensão e a superfície de duas dimensões: uma almeja chegar a algum lugar e a outra já está lá, mas pode mostrar como lá chegou. A diferença é de tempo, e envolve o presente, o passado e o futuro.

É óbvio que os dois tipos de leitura envolvem tempo, mas será o "mesmo" tempo? Aparentemente sim, já que podemos medir em minutos o tempo despendido nos dois tipos de leitura. Mas um simples fato nos detém. Como podemos explicar o fato de que a leitura de textos escritos usualmente demanda muito mais tempo do que a leitura de quadros? Será que a leitura de quadros é mais cansativa, a ponto de termos de interrompê-la? Ou será que as mensagens transmitidas nos quadros são normalmente mais "curtas"? Ou não será então mais sensato dizer que os dois tempos aí envolvidos são diferentes, e que a mensuração em minutos não consegue demonstrar essa particularidade? Se aceitarmos isso, poderemos dizer que a leitura de imagens é mais rápida porque o tempo necessário para que suas mensagens sejam recebidas é mais denso. Ela se abre em menos tempo. Se denominarmos o tempo envolvido na leitura de linhas escritas de "tempo histórico", devemos designar o tempo envolvido na leitura de quadros com um nome diferente. Porque "história" significa tentar chegar a algum lugar, mas ao observarmos pinturas não necessitamos ir a lugar algum. A prova disso é simples: demora muito mais tempo descrever por escrito o que alguém viu em uma pintura do que simplesmente vê-la.

Agora, a diferença entre os dois tipos de tempo torna-se muito mais virulenta se, em vez de compararmos a leitura de linhas à dos quadros, a compararmos à do cinema. Um filme, como se sabe, é uma seqüência linear de imagens. Mas enquanto "lemos" um filme nos esquecemos disso. De fato, temos de esquecê-lo se quisermos ler o filme. Mas, afinal, como o lemos? Essa questão é levantada por várias ciências e vem recebendo respostas fisiológicas, psicológicas e sociológicas bastante detalhadas. (Isso é importante, pois o conhecimento dessas respostas capacita os produtores de cinema e de TV a mudarem o conteúdo dos filmes e, por conseqüência, o comportamento daqueles que os assistem, isto é, os seres humanos.) Mas as respostas científicas falham ao mostrar, com sua "objetividade", o aspecto existencial da leitura de filmes, que é o que importa em considerações como essa.

Pode-se dizer que os filmes são vistos como se fossem uma série de imagens em movimento. Mas essas imagens não são idênticas àquelas que fisicamente compõem o filme, aos fotogramas que compõem sua fita. Elas se parecem mais com imagens em movimento de cenas numa peça teatral, e essa é a razão pela qual freqüentemente se compara a leitura de filmes com a de peças representadas no palco, em vez de compará-la com a leitura de imagens. É errônea essa comparação, uma vez que o palco tem três dimensões e que podemos caminhar dentro dele; a tela de cinema é uma projeção bidimensional, e nunca poderemos adentrá-la. O teatro representa o mundo das coisas por meio das próprias coisas, e o filme representa o mundo das coisas por meio da projeção das coisas; a leitura de filmes se passa no plano da tela, como nas pinturas. (Embora se trate da leitura de "imagens falantes" – um problema que será abordado mais tarde.)

O modo como lemos os filmes pode ser mais bem descrito quando tentamos enumerar os vários níveis de tempo em que a leitura acontece. Há o tempo linear, em que os fotogramas das cenas se seguem uns aos outros. Há o tempo determinado para o movimento de cada fotograma. E também há o tempo que gastamos para captar cada imagem (que, apesar de mais curto, é similar ao tempo envolvido na leitura de pinturas). Há também o tempo referente à história que o filme está contando. E provavelmente existem outros níveis temporais ainda mais complexos. É muito fácil simplificar essa afirmação e dizer que a leitura de filmes é parecida com a leitura de linhas escritas, pelo fato de seguir também um texto (o primeiro nível temporal). Essa simplificação é verdadeira no sentido de que tanto nos filmes como nos textos escritos recebemos a mensagem somente ao final de nossa leitura. Mas é falsa no sentido de que nos filmes, ao contrário do que acontece nos textos escritos e assim como acontece nas pinturas, podemos primeiro perceber cada cena e depois analisá-la. Isso significa que a leitura de filmes é algo que acontece no mesmo "tempo histórico" em que ocorre a leitura de linhas escritas, mas o tempo histórico em si acontece dentro da leitura dos filmes, em um novo e diferente nível. Podemos visualizar essa diferença facilmente. Ao lermos as linhas escritas, estamos seguindo, "historicamente", pontos (conceitos). Ao lermos os filmes, estamos acompanhando, "historicamente", superfícies dadas (imagens). A linha escrita é um projeto que se dirige para a primeira dimensão. O filme é um projeto que começa na segunda dimensão. Mas se entendermos "história" como um projeto em direção a alguma coisa, torna-se óbvio que, na leitura de textos, "história" significa algo bem diferente do que significa na leitura de filmes.

Essa mudança radical no significado da palavra "história" ainda não se tornou óbvia por uma razão muito simples. É porque não aprendemos ainda como ler filmes e programas de TV. Ainda os lemos como se fossem linhas escritas e falhamos na tentativa de captar a qualidade de superfície inerente a eles. Mas isso irá mudar num futuro muito próximo. É tecnicamente possível, mesmo agora, projetar filmes e programas de TV que permitam ao leitor controlar e manipular a seqüência das imagens e ainda sobrepor outras. A gravação de vídeos e os *slides* apontam claramente nesse sentido. O que significa que a "história" de um filme será algo parcialmente manipulável pelo leitor até se tornar parcialmente reversível. Isso implica um sentido radicalmente novo para a expressão "liberdade histórica", que significa, para aqueles que pensam em linhas escritas, a possibilidade de atuar sobre a história de dentro da história. E, para aqueles que pensam em filmes, significará a possibilidade de atuar sobre a história de fora dela. É assim porque aqueles que pensam em linhas escritas permanecem dentro da história, e aqueles que pensam em filmes olham para ela de fora.

As considerações anteriores não levaram em conta o fato de que os filmes são fotografias que "falam". Isso é um problema. Em termos visuais, os filmes são superfícies, mas para o ouvido eles são espaciais. Nadamos no oceano de sons, e ele nos penetra enquanto nos confrontamos com o mundo das imagens, esse mundo que nos circunda. O termo "audiovisual" oculta isso. (Parece que Ortega,* entre outros, ignora essa diferença ao falar de nossa "circunstância"; e os visionários certamente vivem em um mundo diferente de onde estão aqueles que escutam vozes.) Podemos sentir fisicamente como o som, em filmes estereofônicos, introduz a terceira dimensão na tela. (Isso não tem nada a ver, de qualquer maneira, com possíveis e futuros filmes tridimensionais, pois eles não irão introduzir a terceira dimensão; eles vão "projetá-la", assim como fazem as pinturas quando se emprega a perspectiva.) Essa terceira dimensão, que muda completamente o modo de ler a superfície dos filmes, é um desafio para aqueles que

* Refere-se ao filósofo espanhol José Ortega y Gasset (1883-1955).

pensam as superfícies, e somente o futuro poderá dizer se isso será resolvido.

Vamos resumir neste parágrafo o que procuramos dizer até aqui: até bem recentemente o pensamento oficial do Ocidente expressava-se muito mais por meio de linhas escritas do que de superfícies. Esse fato é importante. As linhas escritas impõem ao pensamento uma estrutura específica na medida em que representam o mundo por meio dos significados de uma seqüência de pontos. Isso implica um estar-

no-mundo "histórico" para aqueles que escrevem e que lêem esses escritos. Paralelamente a esses escritos, sempre existiram superfícies que também representavam o mundo. Essas superfícies impõem uma estrutura muito diferente ao pensamento, ao representarem o mundo por meio de imagens estáticas. Isso implica uma maneira a-histórica de estar-no-mundo para aqueles que produzem e que lêem essas superfícies. Recentemente surgiram novos canais de articulação de pensamento (como filmes e TV), e o pensamento ocidental está aproveitando cada vez mais esses novos meios. Eles impõem ao pensamento uma estrutura radicalmente nova uma vez que representam o mundo por meio de imagens em movimento. Isso estabelece um estar-no-mundo pós-histórico para aqueles que produzem e usufruem desses novos meios. De certa forma pode-se dizer que esses novos canais incorporam as linhas escritas na tela, elevando o tempo histórico linear das linhas escritas ao nível da superfície.

Se isso for verdade, podemos admitir que atualmente o "pensamento-em-superfície" vem absorvendo o "pensamento-em-linha", ou pelo menos vem aprendendo como produzi-lo. E isso representa uma mudança radical no ambiente, nos padrões de comportamento e em toda a estrutura de nossa civilização. Essa mudança na estrutura de nosso pensamento é um aspecto importante da crise atual.

[B] ADEQUAÇÃO DO "PENSAMENTO-EM-SUPERFÍCIE" À "COISA"

Vamos levantar aqui outro tipo de questão. Peguemos uma pedra, por exemplo. Qual é a relação daquela pedra lá fora (que me faz tropeçar) com sua fotografia, e qual a relação da pedra com a explicação mineralógica sobre ela? A resposta parece fácil. A fotografia representa a pedra na forma de imagem e a explicação a representa na forma de um discurso linear. Isso significa que posso imaginar a pedra se leio a fotografia, e posso concebê-la ao ler as linhas escritas da explanação. As fotografias e a explicação são mediações entre mim e a pedra; elas se colocam entre nós, e me apresentam à pedra. Mas posso também ir diretamente de encontro à pedra e tropeçar nela.

Até aqui tudo bem, mas todos sabemos desde a escola que o problema não é tão fácil. O melhor que podemos fazer é tentar esquecer tudo o que nos disseram sobre ele na escola. Pela seguinte razão: a epistemologia ocidental é baseada na premissa cartesiana de que pensar significa seguir a linha escrita, e isso não dá crédito à fotografia como uma maneira de pensar. Vamos então tentar esquecer que, de acordo com nossa escola, adequar o pensamento à coisa significa adequar o conceito à extensão. O problema de verdade e falsidade, de ficção e realidade, precisa agora ser reformulado à luz dos meios de comunicação de massa, a grande mídia, se quisermos evitar a esterilidade do academismo.

Mas o exemplo da pedra não é muito apropriado para nossa situação atual, uma vez que podemos andar até uma pedra, mas não podemos fazer nada parecido com isso em relação à maioria das coisas que nos determinam no presente. Não podemos fazer nada parecido com a maioria das coisas que ocorrem em explicações e também das coisas que acontecem em imagens. Tomemos como exemplos a informação genética, a guerra no Vietnã, as partículas alfa ou os seios da senhorita Bardot. Não temos uma experiência imediata com essas coisas, mas somos influenciados por elas. Não faz sentido perguntar, com relação a essas coisas, em que medida a explicação ou a imagem lhes são adequadas. Como não temos experiência imediata com elas, a mídia torna-se para nós a própria coisa. "Saber" é aprender a ler a mídia, nesses casos. Não importa se a "pedra" ou então a partícula alfa ou os seios da senhorita Brigitte Bardot estão "realmente" em algum lugar lá fora, ou se apenas aparecem na mídia: essas coisas são reais na medida em que determinam nossas vidas. E podemos afirmar isso de maneira ainda mais contundente. Sabemos que algumas das coisas que nos influenciam são deliberadamente produzidas pela mídia, como os discursos dos presidentes, os Jogos Olímpicos e os casamentos de celebridades. Que sentido faz perguntar se a mídia é um lugar adequado para essas coisas?

Podemos, contudo, voltar à pedra como um exemplo extremo, apesar de atípico, pois afinal de contas ainda temos alguma experiência imediata, embora ela esteja se tornando cada vez mais rara. (Vivemos de fato em um universo em expansão: a mídia nos oferece cada vez mais coisas que não podemos experimentar diretamente, e nos priva de outras com as quais poderíamos ter contato.) Se nos ativermos à pedra com obstinação, podemos arriscar a seguinte afirmação: vivemos, falando de forma crua, em três reinos – o reino da experiência imediata (a pedra lá fora), o reino das imagens (a fotografia) e o reino dos conceitos (as explicações). (É possível que haja outros reinos, mas vamos deixá-los de lado.) Por conveniência, podemos denominar o primeiro reino de "o mundo dos fatos" e os outros dois de "o mundo da ficção". E então nossa pergunta inicial pode ser colocada nos seguintes termos: como a ficção se relaciona com os fatos em nossa situação atual?

Uma coisa é óbvia: a ficção quase sempre finge representar os fatos, substituindo-os e apontando para eles. (Esse é o caso da pedra, sua fotografia e sua explicação mineralógica.) Como ela pode fazer isso? Por meio de símbolos. Símbolos são coisas que têm sido convencionalmente designadas como representativas de outras (seja essa convenção implícita e inconsciente ou explícita e consciente). As coisas que os símbolos representam são o seu significado. Temos então que perguntar como os vários símbolos do universo ficcional se relacionam com os seus significados. Isso eleva o nosso problema à estrutura da mídia. Se nos basearmos no que foi dito no primeiro parágrafo, podemos responder a pergunta da seguinte maneira: as linhas escritas relacionam seus símbolos a seus significados, ponto por ponto (elas "concebem" os fatos que significam), enquanto as superfícies os relacionam por meio de um contexto bidimensional (elas "imaginam" os fatos que significam) –, se é que elas significam mesmo fatos e não símbolos vazios. Nossa situação nos fornece, portanto, dois tipos de ficção:

a conceitual e a imagética; sua relação com o fato depende da estrutura do *medium*.

Para lermos um filme temos que assumir o ponto de vista que a tela nos impõe. Se não o fizermos, poderemos não ler nada. O ponto de vista é estabelecido a partir de uma poltrona no cinema. Se nos sentarmos nela, poderemos ler o que o filme quer dizer. Se nos recusarmos a nos sentar e aproximarmo-nos da tela, veremos pontos de luz destituídos de significado. Uma vez sentados na poltrona, não teremos problemas: "saberemos" o que o filme significa. Por outro lado, ao lermos um jornal, não precisamos aceitar o ponto de vista que tentam nos impor. Se soubermos o que a letra "a" significa, não importa o modo como a olhamos, ela sempre terá o mesmo significado. Mas não poderemos ler o jornal se não tivermos aprendido o significado dos símbolos ali impressos. Isso demonstra a diferença entre a estrutura dos códigos conceituais e imagéticos e suas respectivas decodificações. Códigos imagéticos (como filmes) dependem de pontos de vista predeterminados: são subjetivos. São baseados em convenções que não precisam ser aprendidas conscientemente: elas são inconscientes. Códigos conceituais (como alfabetos) independem de um ponto de vista predeterminado: são objetivos. São baseados em convenções que precisam ser aprendidas e aceitas conscientemente: são códigos conscientes. Portanto, a ficção imaginativa relaciona-se com os fatos de um modo subjetivo e inconsciente, e a ficção conceitual faz o mesmo de maneira objetiva e consciente.

Isso pode nos conduzir à seguinte interpretação: a ficção conceitual ("pensamento-em-linha") é superior e posterior à ficção imagética ("pensamento-em-superfície") na medida em que torna objetivos e conscientes os fatos e eventos. De fato, esse tipo de interpretação dominou nossa civilização até recentemente e ainda explica nossa atitude hostil em relação à mídia de massa. Mas isso está errado, pela seguinte razão: ao traduzirmos uma imagem em conceito, decompomos a imagem e a analisamos. Lançamos, por assim dizer, uma rede conceitual de pontos sobre a imagem e captamos somente aquele significado que não escapou por entre os intervalos daquela rede. O entendimento da ficção conceitual é, portanto, muito mais pobre do que o significado da ficção imagética, apesar de a primeira ser muito mais "clara e nítida". Os fatos são representados pelo pensamento imagético de maneira mais completa, e são representados pelo pensamento conceitual de maneira mais clara. As mensagens da mídia imagética são mais ricas e as mensagens da mídia conceitual são mais nítidas.

Agora podemos entender melhor nossa situação atual no que tange aos fatos e à ficção. Nossa civilização coloca à nossa disposição dois tipos de mídia. Aquelas tidas como ficção linear (como livros e publicações científicas) e outras chamadas de ficção-em-superfície (como filmes, imagens de TV e ilustrações). O primeiro tipo de mídia pode fazer a interface entre nós e os fatos de maneira clara, objetiva, consciente, isto é, conceitual, apesar de ser relativamente restrito em sua mensagem. O segundo tipo pode fazer essa mediação de maneira ambivalente, subjetiva, inconsciente, ou seja, imagética, mas é relativamente rico na sua mensagem. Podemos participar dos dois tipos de mídia, mas o segundo tipo requer, para isso, que primeiramente aprendamos a usar suas técnicas. Isso explica a divisão de nossa sociedade em uma cultura de massa (aqueles que participam quase exclusivamente da ficção-em-superfície) e uma cultura de elite (os que participam quase exclusivamente da ficção linear).

Para esses dois grupos, chegar até os fatos consiste num problema. No entanto, é um problema diferente para cada um deles. Para a elite, o problema é que quanto mais objetiva e clara se torna a ficção linear, mais pobre ela fica, uma vez que ameaça perder o contato com a realidade que pretende representar (o significado como um todo). As mensagens de ficção linear não conseguem mais ser satisfatoriamente adequadas à experiência imediata que ainda temos do mundo. Para a cultura de massa, o problema é que quanto mais tecnicamente perfeitas vão se tornando as imagens, tanto mais ricas elas ficam e melhor se deixam substituir pelos fatos que em sua origem deveriam representar. Em conseqüência, os fatos deixam de ser necessários, as imagens passam a se sustentar por si mesmas e então perdem o seu sentido original. As imagens não precisam mais se adequar à experiência imediata do mundo, e essa experiência é abandonada. Em outras palavras: o mundo da ficção linear, o mundo da elite, está mostrando cada vez mais seu caráter fictício, meramente conceitual; e o mundo da ficção-em-superfície, o mundo das massas, está mascarando cada vez melhor seu caráter fictício. Não podemos mais passar do pensamento conceitual para o fato por falta de adequação, e também não podemos passar do pensamento imagético para o fato por falta de um critério que nos possibilite distinguir entre o fato e a imagem. Perdemos o senso de "realidade" nas duas situações, e nos tornamos alienados. (Por exemplo, não podemos mais dizer se a partícula alfa é um fato ou se os seios de Brigitte Bardot são "reais", mas podemos afirmar agora que essas questões têm pouquíssima importância.)

Pode-se perfeitamente pensar que essa nossa alienação nada mais é do que o sintoma de uma crise passageira. O que se passa atualmente talvez seja a tentativa de incorporação do pensamento linear ao pensamento-em-superfície, do conceito à imagem, da mídia de elite à mídia de massa. (E é esse o argumento do primeiro parágrafo.) Se isso acontecesse, o pensamento imagético poderia se tornar objetivo, consciente e claro, além de permanecer rico e ainda fazer a mediação entre nós e os fatos de maneira muito mais efetiva do que foi possível até agora. Como isso pode acontecer?

Isso envolve o problema de tradução. Até agora a situação tem sido mais ou menos esta: o pensamento imagético era uma tradução do fato em imagem e o pensamento conceitual era uma tradução da imagem em conceito. No princípio era a pedra. Depois, a imagem da pedra. E, então, a explicação dessa imagem. No futuro a situação poderá ser a seguinte: o pensamento imagético será a tradução do conceito em imagem e o pensamento conceitual, a tradução da imagem em conceito. Nessa situação de retroalimentação (*feedback*) pode-se elaborar um modelo de pensamento que venha finalmente a se adequar a um fato. Primeiramente haverá uma imagem de alguma coisa. Depois, uma explicação dessa imagem. E, por fim, haverá uma imagem dessa explicação. Isso resultará no modelo de alguma coisa (uma coisa que por sua vez tenha sido originalmente um conceito). Esse modelo poderá se aplicar a uma pedra (ou a algum outro fato, ou a nada). E assim um fato (ou nenhum fato) terá sido descoberto. Haveria, portanto, novamente um critério de distinção entre fato e ficção (modelos adequados ou inadequados), e assim se reconquistaria um senso de realidade.

O que foi dito agora não é uma especulação epistemológica ou ontológica (que poderia ser bastante problemática).

É uma observação das tendências do momento. As ciências e outras articulações do pensamento linear, tais como a poesia, a literatura e a música, estão cada vez mais se apropriando de recursos do imagético pensamento-em-superfície, e assim o fazem por causa do avanço tecnológico da mídia de superfície (*surface media*). E essa mídia, incluindo pinturas e anúncios publicitários, está recorrendo cada vez mais aos recursos do pensamento linear. O que se diz aqui pode ser problemático teoricamente, embora já tenha sido colocado em prática.

Em suma, queremos dizer que o pensamento imagético está se tornando capaz de pensar conceitos. Ele é capaz de transformar o conceito em seu "objeto" e pode, portanto, tornar-se um metapensamento de um modo de pensar conceitual. Até então os conceitos eram passíveis de ser pensados somente por meio de outros conceitos, da reflexão. O pensamento reflexivo era o metapensamento do pensamento conceitual, e ele próprio era conceitual. Agora o pensamento imagético pode começar a pensar conceitos em forma de modelos de superfície (*surface models*). Talvez seja essa a razão por que a filosofia está morrendo. Ela pretende ser o metapensamento dos conceitos. Agora o pensamento imagético pode tomar o seu lugar.

Sem dúvida, o que se apresentou é extremamente esquemático. A situação atual de nossa civilização é bem mais complexa. Por exemplo, há a tendência de o pensamento se voltar para a terceira dimensão. Certamente sempre existiu essa mídia tridimensional. As esculturas paleolíticas estão aí para prová-lo. Mas o que está acontecendo agora é muito diferente. Um programa audiovisual de TV que possa ser cheirado e que provoque sensações corpóreas não é uma escultura. Esse é um dos avanços do pensamento no sentido de representar os fatos de maneira sensorial, com resultados que ainda não podem ser previstos. Isso sem dúvida nos capacitará a pensar coisas que no momento ainda são impensáveis. E há com certeza outras tendências em nossa civilização que ainda não foram levadas em conta na previsão do futuro, mas servirão aos seus propósitos, isto é, para mostrar um aspecto de nossa crise e uma das possibilidades de superá-la.

Retomemos nosso argumento: atualmente dispomos de duas mídias entre nós e os fatos – a linear e a de superfície. Os meios lineares estão se tornando mais e mais abstratos e perdendo o sentido. Os de superfície vêm cobrindo os fatos de maneira cada vez mais perfeita e, portanto, também estão perdendo o sentido. Mas esses dois tipos de mídia podem se unir numa relação criativa. Deverão surgir, assim, novos tipos de mídia, o que tornará possível que se descubram os fatos novamente, abrindo novos campos para um novo tipo de pensamento, com sua própria lógica e seus próprios tipos de símbolos codificados. Em resumo:

a síntese da mídia linear com a de superfície pode resultar numa nova civilização.

[C] RUMO A UM FUTURO PÓS-HISTÓRICO

Podemos nos perguntar como será esse novo tipo de civilização. Se examinarmos a sociedade atual do ponto de vista histórico, ela parecerá inicialmente o resultado de um desenvolvimento do pensamento, que parte da imaginação em direção ao conceito. (Primeiro ocorreram as pinturas rupestres e as Vênus de Willendorf, depois então surgiram os alfabetos e outros códigos lineares, como, por exemplo, o Fortran.) Mas esse ponto de vista histórico começa a nos ser inadequado, pois os atuais meios imagéticos (filmes, TV, *slides* etc.) são obviamente desenvolvimentos do pensamento conceitual, nos dois sentidos: porque resultam da ciência – que é conceitual – e porque avançam ao longo de linhas discursivas, que também são conceituais. (Uma Vênus de Willendorf pode nos contar uma história, mas um filme conta a sua história por meio de uma linha, um enredo, portanto o faz historicamente.) Precisamos, então, retificar nossa explicação sobre a civilização contemporânea. Ela não parece ser o resultado de um desenvolvimento linear que se origina de uma imagem e vai até um conceito; parece mais o resultado de um tipo de espiral que vai da imagem, passando pelo conceito, à imagem.

Isso pode ser afirmado do seguinte modo: quando o homem se assumiu como sujeito do mundo, quando recuou um pouco para poder pensar sobre ele, isto é, quando se tornou homem, assim o fez graças à sua curiosa capacidade de imaginar esse mundo. Assim criou um mundo de imagens que fizessem a mediação entre ele e o mundo dos fatos, com os quais estava perdendo contato à medida que retrocedia para observá-los. Mais tarde ele aprendeu a lidar com esse seu universo imagético graças a outra capacidade humana – a capacidade de conceber. Ao pensar por meio de conceitos, o homem tornou-se não somente o sujeito de um mundo objetivado de fatos, mas também de um mundo objetivado de imagens. O homem está agora começando a aprender a lidar com esse seu mundo conceitual, ao recorrer novamente à sua capacidade imaginativa. Mediante a imaginação ele começa a objetivar seus conceitos e, conseqüentemente, a libertar-se deles. Em sua primeira posição, o homem encontra-se em meio a imagens estáticas (os mitos). Em uma segunda posição, coloca-se entre conceitos lineares progressivos (a história). Em uma terceira posição, ele se vê em meio a imagens que ordenam conceitos (o formalismo). Mas essa terceira posição implica um estar-no-mundo tão radicalmente novo que se torna difícil compreender seus múltiplos impactos. Vamos tentar encontrar um modelo para isso.

Pensemos no teatro, por exemplo. A posição mítica corresponderia àquela assumida pelo dançarino que representa uma cena sagrada. A posição histórica, àquela assumida por um ator numa peça. A posição formalística corresponderia possivelmente àquela assumida pelo autor de uma peça. O dançarino sabe que está atuando, sabe que o que está fazendo é algo simbólico. Ele aceita isso como algo imposto pela realidade que está representando. Se agisse diferentemente, estaria traindo a realidade, estaria pecando. Pecar é a sua liberdade. O ator sabe que está atuando e sabe também que a qualidade simbólica de sua atuação é uma convenção teatral. Portanto, ele pode interpretar essa convenção de várias maneiras, e assim mudá-la. Essa é a sua liberdade, a liberdade histórica, no sentido estrito do termo. O autor sabe que está propondo uma convenção dentro dos limites impostos a ele pelo meio teatral, e ele tenta dar significado àquilo que convencionou. Essa é a sua liberdade, a liberdade formal. Do ponto de vista do dançarino, o ator

é um pecador e o autor é um demônio. Do ponto de vista do ator, o dançarino é um ator inconsciente e o autor, uma autoridade. Já para o autor, o dançarino é uma marionete e o ator, uma ferramenta com a qual ele (o autor) aprende continuamente.

Mas o modelo teatral não é muito bom. Não mostra muito bem a terceira posição, já que ela não existe propriamente no teatro; é muito recente. Vamos então buscar outro modelo que a revele mais claramente: o papel de um espectador de TV num futuro próximo. Ele terá à sua disposição um videocassete com fitas de vários programas. Estará apto a mesclá-los e a compor, assim, seu próprio programa. Mas poderá fazer ainda mais: filmar seu programa e outros na seqüência, inclusive filmar a si mesmo, registrar isso numa fita e depois passar o resultado na tela de sua TV. Ele se verá, portanto, em seu programa. Isso significa que o programa terá o começo, o meio e o fim que o consumidor quiser (dentro das limitações do seu videocassete), e significa também que ele poderá desempenhar o papel que quiser. Esse é um exemplo melhor para a situação formal do que o autor de teatro.

Esse modelo mostra mais claramente a diferença entre o estar-no-mundo histórico e formalístico. O espectador é determinado pela história (pelo videocassete) e ainda atua na história (ao aparecer ele mesmo na tela). No entanto, está além da história no sentido de que compõe o processo histórico e na medida em que assume o papel que quiser dentro do processo histórico. Isso pode ser afirmado de maneira mais decisiva: embora ele atue na história e seja determinado por ela, já não está mais interessado na história como tal, mas na possibilidade de combinar várias histórias. Isso significa que para ele a história não é mais um drama (como o é para a posição histórica), mas apenas um jogo.

Essa diferença entre as duas posições é basicamente temporal. A posição histórica encontra-se no tempo histórico, no processo. A posição formalística encontra-se naquele tipo de tempo em que os processos são vistos como formas. Para a posição histórica, os processos são o método pelo qual as coisas acontecem; para a posição formalística, os processos são um modo de olhar as coisas. Outra maneira de olhar as coisas, do ponto de vista formalístico, é encarar os processos como dimensões das coisas. O primeiro método de olhar as coisas as decompõe em fases (é um método diacrônico). O segundo método reúne fases e formas (é um método sincrônico). Para a posição formalística, a questão de os processos serem fatos ou não depende da perspectiva de quem está vendo as coisas.

O que é, portanto, aporia para a posição histórica (matéria-energia, evolução-informação, entropia-neguentropia, positivo-negativo etc.) é complementar para a posição formalística. E isso significa que o conflito histórico, incluindo guerras e revoluções, não parece propriamente um conflito do ponto de vista formalístico, mas jogadas complementares em um jogo. Daí por que o ponto de vista formalístico é freqüentemente qualificado de inumano por aqueles que ocupam a posição histórica. E é de fato inumano, pois é característico de um novo tipo de homem, que não é reconhecido como tal pelo antigo homem.

Mas há um problema agora. Tudo o que se falou aqui a respeito da terceira posição foi feito por meio de linhas escritas, e é portanto produto de um pensamento conceitual. Mas se o argumento estava certo, mesmo que parcialmente, a terceira posição não pode ser concebida; ela precisa ser imaginada com esse novo tipo de imaginação que está sendo formado. Este ensaio, portanto, só pode ser sugestivo. Por outro lado, continua sendo verdade que poderemos nos tornar vítimas de uma nova forma de barbárie – a imaginação confusa –, a não ser que tentemos incorporar o conceito à imagem. Esse é um tipo de justificativa, apesar de tudo, para o presente ensaio. Eis o fato: a terceira posição está sendo tomada agora, independentemente de podermos concebê-la ou não, e ela irá com certeza superar a posição histórica.

Vamos recapitular nosso argumento na tentativa de dizer como poderá ser a nova civilização. Temos duas alternativas. A primeira possibilidade é a de o pensamento imagético não ser bem-sucedido ao incorporar o pensamento conceitual. Isso conduzirá a uma despolitização generalizada, a uma desativação e alienação da espécie humana, à vitória da sociedade de consumo e ao totalitarismo da mídia de massa. Parecerá muito com a atual cultura de massa, até mais, inclusive, e a cultura da elite desaparecerá para sempre. E esse é o fim da história em qualquer sentido significativo que esse termo possa ter. A segunda possibilidade é a de o pensamento imagético ser bem-sucedido ao incorporar o conceitual. Isso levará a novos tipos de comunicação, nos quais o homem assumirá conscientemente a posição formalística. A ciência não será mais meramente discursiva e conceitual, mas recorrerá a modelos imagéticos. A arte não trabalhará mais com coisas materiais ("*oeuvres*"), ela proporá modelos. Os políticos não lutarão mais pela observância de valores, eles irão elaborar hierarquias manipuláveis de modelos de comportamento. E isso significa, em resumo, que um novo senso de realidade se pronunciará, dentro do clima existencial de uma nova religiosidade.

Tudo isso é utópico. Mas não é fantástico. Aquele que olha a cena atual poderá achar tudo isso lá, na forma de linhas e superfícies já em funcionamento. O tipo de futuro pós-histórico que existirá dependerá muito de cada um de nós.

O MUNDO CODIFICADO

O objetivo deste trabalho é mostrar que a revolução no mundo da comunicação (cujas testemunhas e vítimas somos nós) influencia nossa vida com mais intensidade do que tendemos habitualmente a aceitar. Na verdade, temos consciência dos efeitos, por exemplo, da televisão, das propagandas ou do cinema. O que pensamos aqui, no entanto, é algo ainda mais radical. Buscaremos mostrar que o significado geral do mundo e da vida em si mudou sob o impacto da revolução na comunicação. Essa afirmação, sem exageros, é ousada, mas apesar disso será apresentada aqui. E para isso vamos nos concentrar em um aspecto isolado dessa revolução – a saber, nos códigos – com a esperança de que isso seja suficiente para transmitir a radicalidade da presente renovação.

Se compararmos nossa situação atual com aquela que existia pouco antes da Segunda Guerra Mundial, ficaremos impressionados com a relativa ausência de cores no período anterior à guerra. A arquitetura e o maquinário, os livros e as ferramentas, as roupas e os alimentos eram predominantemente cinzentos. (A propósito, um dos motivos que impressionavam os visitantes que retornavam dos países socialistas era seu aspecto monocromático: nossa explosão de cores não aconteceu por lá.) Nosso entorno é repleto de cores que atraem a atenção dia e noite, em lugares públicos e privados, de forma berrante ou amena. Nossas meias e pijamas, conservas e garrafas, exposições e publicidade, livros e mapas, bebidas e *ice-creams*, filmes e televisão, tudo encontra-se em tecnicólor. Evidentemente não se trata de um mero fenômeno estético, de um novo "estilo artístico". Essa explosão de cores *significa* algo. O sinal vermelho quer dizer "*stop!*", e o verde berrante das ervilhas significa "compre-me!". Somos envolvidos por cores dotadas de significados; somos programados por cores, que são um aspecto do mundo codificado em que vivemos.

As cores são o modo como as superfícies aparecem para nós. Quando uma parte importante das mensagens que nos programam hoje em dia chega em cores, significa que as superfícies se tornaram importantes portadores de mensagens. Paredes, telas, superfícies de papel, plástico, alumínio, vidro, material de tecelagem etc. se transformaram em "meios" importantes. A situação no período anterior à guerra era relativamente cinzenta, pois naquela época as superfícies para a comunicação não desempenhavam um papel tão importante. Predominavam as linhas: letras e números ordenados em seqüência. O significado de tais símbolos independe de cores: um "A" vermelho e um "A" preto têm o mesmo som, e se este texto tivesse sido impresso em amarelo, teria o mesmo sentido. Conseqüentemente, a presente explosão de cores indica um aumento da importância dos códigos bidimensionais. Ou o inverso: os códigos unidimensionais, como o alfabeto, tendem atualmente a perder importância.

O fato de a humanidade ser programada por superfícies (imagens) pode ser considerado, no entanto, não como uma novidade revolucionária. Pelo contrário: parece tratar-se de uma volta a um estado normal. Antes da invenção da escrita, as imagens eram meios decisivos de comunicação. Como os códigos em geral são efêmeros (como, por exemplo, a língua falada, os gestos, os cantos), somos levados a decifrar sobretudo o significado das imagens, nas quais o homem, de Lascaux às plaquetas mesopotâmicas, inscrevia suas ações e seus infortúnios. E, mesmo depois da invenção da escrita, os códigos de superfície, como afrescos e mosaicos, tapetes e vitrais de igrejas, continuavam desempenhando um papel importante. Somente após a invenção da imprensa é que o alfabeto começou efetivamente a se impor. Por isso a Idade Média (e inclusive a Renascença) nos parece tão colorida se comparada à Idade Moderna. Nesse sentido, nossa situação pode ser interpretada como um retorno à Idade Média, ou seja, como uma "volta *avant la lettre*".

Não é uma idéia feliz, no entanto, querermos entender nossa atual situação como um retorno ao analfabetismo. As imagens que nos programam não são do mesmo tipo que aquelas anteriores à invenção da imprensa. Programas de televisão são coisas bem distintas dos vitrais de igrejas góticas, e a superfície de uma lata de sopa é algo diverso da superfície de uma tela renascentista. A diferença, em poucas palavras, é a seguinte: imagens pré-modernas são produtos de artífices ("obras de arte"), obras pós-modernas são produtos da tecnologia. Por trás das imagens que nos programam pode-se constatar uma teoria científica, mas não se pode dizer o mesmo das imagens pré-modernas. O homem pré-moderno vivia num outro universo imagético, que tentava interpretar o "mundo". Nós vivemos em um mundo imagético que interpreta as teorias referentes ao "mundo". Essa é uma nova situação, mais revolucionária.

Para resumir isso, faremos uma pequena digressão sobre os códigos: um código é um sistema de símbolos. Seu objetivo é possibilitar a comunicação entre os homens. Como os símbolos são fenômenos que substituem ("significam") outros fenômenos, a comunicação é, portanto, uma substituição: ela substitui a vivência daquilo a que se refere. Os homens têm de se entender mutuamente por meio dos códigos, pois perderam o contato direto com o significado dos símbolos. O homem é um animal "alienado" (*verfremdet*), e vê-se obrigado a criar símbolos e a ordená-los em códigos, caso queira transpor o abismo que há entre ele e o "mundo". Ele precisa "mediar" (*vermitteln*), precisa dar um sentido ao "mundo".

Onde quer que se descubram códigos, pode-se deduzir algo sobre a humanidade. Os círculos construídos com pedras e ossos de ursos, que rodeavam os esqueletos de antropóides africanos mortos há 2 milhões de anos, permitem que consideremos esses antropóides como homens. Pois esses círculos são códigos, os ossos e as pedras são símbolos, e o antropóide era um homem porque estava "alienado", louco para poder dar um sentido ao mundo. Embora tenhamos perdido a chave desses códigos (não sabemos o que esses círculos significam), sabemos que se trata de códigos: reconhecemos neles o propósito de dar sentido (o "artifício").

Códigos mais recentes (como, por exemplo, as inscrições nas cavernas) permitem melhor decodificação. (Pois nós utilizamos códigos similares.) Sabemos que as pinturas em Lascaux e em Altamira significam cenas de caça. Códigos que existem a partir de símbolos bidimensionais, como é o caso em Lascaux, significam o "mundo", na medida em que reduzem as circunstâncias quadridimensionais de tempo-espaço a cenas, na medida em que eles "imaginam". "Imaginação" significa, de maneira exata, a capacidade de resumir o mundo das circunstâncias em cenas, e vice-versa, de decodificar as cenas como substituição das circunstâncias. Fazer "mapas" e lê-los. Inclusive "mapas" de circunstâncias desejadas, como uma caçada futura (Lascaux), por exemplo, ou projetos de equipamentos eletrônicos ("*blueprints*").

O caráter cênico dos códigos bidimensionais tem como conseqüência um modo de vida específico das sociedades por eles programadas. Eles podem ser denominados de "forma mágica da existência" (*magische Daseinsform*). Uma imagem é uma superfície cujo significado pode ser abarcado num lance de olhar: ela "sincroniza" a circunstância que indica como cena. Mas, depois de um olhar abrangente, os olhos percorrem a imagem analisando-a, a fim de acolher efetivamente seu significado; eles devem "diacronizar a sincronicidade". Por exemplo, num primeiro olhar fica claro que a cena abaixo significa uma circunstância do tipo "passeio". Mas somente após a diacronização da sincronicidade é que se reconhece que o Sol, duas pessoas e um cachorro estão implicados nesse passeio.

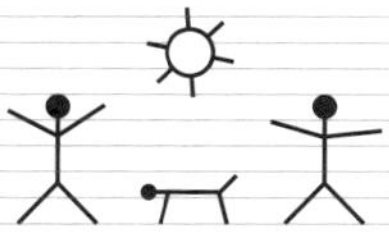

Para os homens que estão programados pelas imagens, o tempo flui no mundo assim como os olhos que percorrem a imagem: ele diacroniza, ordena as coisas em situações. É o tempo do retorno, de dia e noite e dia, de semente e colheita e semente, de nascimento e morte e renascimento, e a magia é aquela técnica introduzida para uma determinada experiência temporal. Ela ordena as coisas do modo como elas devem se comportar dentro do circuito do tempo. E o mundo desse modo codificado, o mundo das imagens, o "mundo imaginário", programou e elaborou a forma de existência (*Daseinsform*) de nossos antepassados durante inúmeros milhares de anos: para eles o "mundo" era um amontoado de cenas que exigiam um comportamento mágico.

E isso resultou numa mudança radical, numa revolução com conseqüências tão fortes a ponto de nos deixar sem fôlego quando consideramos o acontecimento, mesmo depois de 6 mil anos transcorridos. Pode-se ilustrar esse evento do modo como pode ser visto nas plaquetas mesopotâmicas "cuneiformes", da seguinte maneira: . A invenção da escrita deve-se, em primeiro lugar, não à invenção de novos símbolos, mas ao desenrolar da imagem em linhas (*Zeilen*). Dizemos que com esse acontecimento encerrou-se a pré-história e começou a história no sentido verdadeiro. Mas nem sempre estamos conscientes de que aí está implícito aquele passo que retorna à imagem e segue em direção ao nada (*gähnendes Nichts*), o que possibilita que a imagem seja desenrolada como uma linha.

A linha que está na ilustração acima arranca as coisas da cena para ordená-las novamente, ou seja, para contá-las, calculá-las. Ela desenrola a cena e a transforma em uma narrativa. Ela "explica" a cena na medida em que enumera clara e distintamente (*clara et distincta perceptio*) cada símbolo isolado. Por isso a linha (o "texto") significa não a circunstância diretamente mas a cena da imagem, que, por sua vez, significa a "circunstância concreta". Os textos são um desenvolvimento das imagens e seus símbolos não indicam algo diretamente concreto, mas sim imagens. São "conceitos" que significam "idéias". Por exemplo, "☼" significa, no texto acima, não diretamente a vivência concreta "Sol", mas "☼" na imagem, que por sua vez significa "Sol". Os textos, com relação às imagens, estão a um passo mais afastado da vivência concreta, e "conceber" é um sintoma mais distanciado do que "imaginar".

Quando se quer decifrar ("ler") um texto (como, por exemplo, o da ilustração acima), os olhos têm de deslizar ao longo da linha. Somente ao final da linha é que se recebe a mensagem, e é preciso tentar resumi-la, sintetizá-la. Códigos lineares exigem uma sincronização de sua diacronia. Exigem uma recepção mais avançada. E isso tem como efeito uma nova experiência temporal, a saber, a experiência de um tempo linear, de uma corrente do irrevogável progresso, da dramática irrepetibilidade, do projeto, em suma, da história. Com a invenção da escrita começa a história, não porque a escrita grava os processos, mas porque ela transforma as cenas em processos: ela produz a consciência histórica.

Essa consciência não venceu imediatamente a consciência mágica, mas a superou lentamente e com dificuldade. A dialética entre superfície e linha, entre imagem e conceito, começou como uma luta, e somente mais tarde é que os textos absorveram as imagens. A filosofia grega e a profecia judaica são desafios de luta dos textos contra as imagens: Platão, por exemplo, desprezou a pintura, e os profetas bradaram contra a idolatria (*Bildermachen*). Somente no decorrer dos séculos é que os textos começaram a programar a sociedade, e a consciência histórica, ao longo da Antigüidade e da Idade Média, permaneceu como característica de uma elite de literatos. A massa continuou sendo programada por imagens, apesar de serem imagens infectadas por textos, e persistiu na consciência mágica, continuou "pagã".

A invenção da tipografia reduziu os custos dos manuscritos e possibilitou a uma burguesia em ascensão se inserir na consciência histórica da elite. E a Revolução Industrial, que arrancou a população "pagã" das pequenas aldeias, de sua existência mágica, para concentrá-la como massa em volta das máquinas, programou essa massa com códigos lineares, graças à imprensa e à escola primária. O nível de consciência histórica torna-se universal no decorrer do século XIX, nos chamados países "desenvolvidos", pois esse é o momento em que o alfabeto começa a funcionar efetivamente como código universal. Se considerarmos o pensamento científico, por exemplo, como a expressão mais elevada da consciência histórica (por ele elevar a método a estrutura lógica e processual dos textos lineares), poderemos então dizer que a vitória dos textos sobre as imagens, da ciência sobre a magia, é um acontecimento do passado recente, que está longe ainda de poder ser considerado algo garantido e seguro.

Caso o primeiro parágrafo deste texto esteja correto, o que se deve constatar, ao contrário, é uma volatilização da consciência histórica. A experiência temporal, que é entendida juntamente com as categorias da história, ou seja, como algo irreversível, progressivo e dramático, deixa de existir para a massa, para o povo, para quem os códigos de superfície prevalecem, para quem as imagens substituem os textos alfabéticos. O mundo codificado em que vivemos não mais significa processos, vir-a-ser; ele não conta histórias, e viver nele não significa agir. O fato de ele não significar mais isso é chamado de "crise dos valores". Pois nós ainda continuamos a ser programados por textos, ou seja, para a história, para a ciência, para o engajamento político, para a "arte": para uma existência dramática. Nós "lemos" o mundo (por exemplo, lógica e matematicamente). Mas a nova geração, que é programada por imagens eletrônicas, não compartilha dos nossos "valores". E ainda não sabemos os significados programados pelas imagens eletrônicas que nos circundam.

Essa nossa ignorância quanto aos novos códigos não é surpreendente. Levou séculos, depois da invenção da escrita, para que os escritores aprendessem que escrever significava narrar. Inicialmente eles apenas contavam e descreviam cenas. Também vai demorar bastante até que aprendamos as virtualidades dos códigos eletrônicos: até que aprendamos o que significa fotografar, filmar, fazer vídeos ou programação analógica. Por enquanto contamos apenas as histórias de TV. Mas essas histórias já têm um clima pós-histórico. Vai demorar muito para que comecemos a lutar por uma consciência pós-histórica; no entanto, é visível que está na nossa vez de dar um passo decisivo de retorno dos textos em direção ao nada. Um passo que lembre a ousadia dos escritores de caracteres cuneiformes da Mesopotâmia.

A escrita é um passo de regresso às imagens (*ein Schritt zurück von Bildern*), pois ela permite que as analisemos. Com esse passo, perdeu-se a "fé nas imagens", a magia, e alcançou-se um nível de consciência que mais tarde conduziu à ciência e à tecnologia. Os códigos eletrônicos são um passo de volta aos textos, pois eles permitem que as imagens sejam compreendidas. Uma fotografia não é a imagem de uma circunstância (assim como a imagem tradicional o é), mas é a imagem de uma série de conceitos que o fotógrafo tem com relação a uma cena. A câmera não pode existir sem textos (por exemplo, as teorias químicas), e o fotógrafo também precisa primeiro imaginar, depois conceber, para, por fim, poder "imaginar tecnicamente". Com a volta dos textos para a imagem eletrônica, um novo grau de distanciamento foi alcançado: perdeu-se a "crença nos textos" (nas explicações, nas teorias, nas ideologias), pois eles, assim como as imagens, podem ser reconhecidos como "mediação".

Isso é o que consideramos como "crise dos valores": o fato de termos retornado do mundo linear das explicações para o mundo tecno-imaginário dos "modelos". Não é o fato de as imagens eletrônicas se movimentarem, nem o de serem "audiovisuais", nem o fato de irradiarem nos raios catódicos que determina sua novidade revolucionária, mas o fato de que são "modelos", isto é, significam conceitos. Um programa de TV não é uma cena de uma circunstância, mas um "modelo", a saber, uma imagem de um conceito de uma cena. Isso é uma "crise" porque, com a superação dos textos, os antigos programas (por exemplo, a política, a filosofia, a ciência) serão anulados, sem que sejam substituídos por novos programas.

Não há paralelos no passado que nos permitam aprender o uso dos códigos tecnológicos, como eles se manifestam, por exemplo, numa explosão de cores. Mas devemos aprendê-lo, senão seremos condenados a prolongar uma existência sem sentido em um mundo que se tornou codificado pela imaginação tecnológica. A decadência e a queda do alfabeto significam o fim da história, no sentido estrito da palavra. O presente trabalho levanta a questão do começo do novo.

O FUTURO DA ESCRITA

Este artigo não levará em consideração os problemas referentes ao futuro do ensino da arte de escrever em face da crescente importância das mensagens não-escritas (*nonliterate*) em nosso ambiente, embora essa questão venha a se tornar cada vez mais importante tanto nos chamados países "desenvolvidos" como em sociedades onde o analfabetismo é ainda muito comum. Em contrapartida, o artigo se propõe a considerar uma tendência que está na base daqueles problemas, a saber, o distanciamento em relação aos códigos lineares, como a escrita, e a aproximação aos códigos bidimensionais, como fotografias, filmes e TV – o que pode ser observado se olharmos, mesmo que superficialmente, o mundo codificado que nos cerca. O futuro da escrita, do gesto que alinha símbolos para produzir textos, tem que ser considerado no contexto dessa tendência.

Escrever é um gesto importante, porque não só articula como também produz aquele estado mental chamado de "consciência histórica". A história começa com a invenção da escrita, não pela razão banal freqüentemente sugerida de que a escrita nos permite reconstituir o passado, mas pela razão mais pertinente de que o mundo não é percebido como um processo, "historicamente", a não ser que alguém dê a entender isso por meio de sucessivos símbolos, por meio da escrita. A diferença entre pré-história e história não é o fato de termos documentos escritos que nos permitam acompanhar esta, mas o fato de que durante a história há homens letrados que experimentam, entendem e avaliam o mundo como um "acontecimento" (*becoming*), enquanto na pré-história esse tipo de atitude existencial não era possível. Se a arte de escrever caísse no esquecimento, ou se tornasse subordinada à criação de imagens (como o chamado "*script writing*" de um filme), a história, no sentido estrito do termo, não existiria mais.

Se alguém examinar certas plaquetas mesopotâmicas poderá ver que o propósito original da escrita era facilitar o deciframento das imagens. Aquelas plaquetas contêm imagens impressas com selos cilíndricos e símbolos "cuneiformes", nelas riscadas com buril. Os símbolos cuneiformes formam linhas que dão obviamente significado à imagem que acompanham. Eles "explicam", "recontam" e "contam" sobre aquilo, e assim o fazem desenrolando a superfície da imagem em linhas, desembaraçando o tecido da imagem nos fios de um texto, tornando "explícito" o que estava implícito na imagem. Pode-se mostrar por meio de análises textuais que o propósito original da escrita, ou seja, a transcodificação de códigos bidimensionais numa única dimensão, ainda está lá: todos os textos, mesmo os mais abstratos, significam, em última análise, uma imagem.

A tradução de superfície em linha implica uma mudança radical de significado. O olho que decifra uma imagem esquadrinha a superfície e estabelece relações reversíveis entre os elementos da imagem. Ele pode percorrer a imagem para trás e para frente enquanto a decifra. Essa reversibilidade das relações que prevalecem dentro da imagem caracteriza o mundo para aqueles que as usam para seu entendimento, para aqueles que "imaginam" o mundo. Para essas pessoas, todas as coisas estão relacionadas entre si de maneira reversível e o seu universo é estruturado pelo "eterno retorno". Isso é tão verdade quanto dizer que a noite segue o dia assim como o dia segue a noite, que depois da semeadura vem a colheita assim como à colheita se segue a semeadura, que após a vida vem a morte, assim como após a morte surgirá a vida outra vez. O canto do galo convoca o Sol a se levantar, assim como o nascer do Sol convoca o galo a cantar. Nesse tipo de mundo circular o tempo ordena todas as coisas, "designa a elas o seu exato lugar", e, se uma coisa está deslocada do seu lugar, será realocada pelo próprio tempo. Como viver é deslocar coisas, a vida nesse tipo de mundo é uma série de "atos injustos que serão vingados a tempo". Isso requer do homem que propicie a ordem do mundo, uma vez que de "deuses" ela já está repleta. Em suma: o mundo "imaginado" é o mundo do mito, do mágico, o mundo da pré-história.

O olho que decifra um texto segue suas linhas e estabelece a relação unívoca de uma corrente entre os elementos que compõem o texto. Aqueles que usam os textos para entender o mundo, aqueles que o "concebem", dão significado a um mundo com uma estrutura linear. Tudo aí procede de alguma coisa, o tempo transcorre irreversivelmente do passado para o futuro, cada instante perdido está perdido para sempre, e não há repetição. Cada dia é diferente de todos os outros dias, cada semeadura tem suas próprias características, se existir vida após a morte deverá ser um novo tipo de vida, e as ligações na corrente causal não podem ser trocadas umas pelas outras. Nesse tipo de mundo, todo ato humano é único e o homem é responsável por ele. Os elementos aí são, ao menos em tese, distintos uns dos outros como contas de um colar e podem ser enumerados. Por outro lado, a corrente que ordena as contas, "o unívoco fluxo do tempo", é o que mantém esse universo coeso. Em suma: o mundo "concebido" é aquele das religiões de salvação, do compromisso político, da ciência e da tecnologia, ou seja, o mundo histórico.

Seria possível se perguntar há 6 mil anos por que se substituiu o mundo das concepções pelo da imaginação, por que foi inventada a escrita. Pode-se fazer essa mesma pergunta nos dias atuais, precisamente porque uma "nova civilização das imagens" parece estar amanhecendo. Naturalmente a resposta é: porque há 6 mil anos algumas pessoas pensaram que certas imagens precisavam ser explicadas. As imagens são mediações entre o homem e o seu mundo, que para ele se tornou imediatamente inacessível. São ferramentas para superar a alienação humana: elas tinham a função de permitir a ação dentro de um universo no qual o homem não vive mais de forma imediata, mas o enfrenta. O propósito das pinturas rupestres era permitir a caçada de cavalos; o propósito dos vitrais das catedrais era permitir a oração a Deus; o dos mapas rodoviários era orientar o transporte de veículos; e o das projeções estatísticas era tomar decisões. É necessário aprender a decifrar essas imagens, é preciso aprender as convenções que lhes imprimem significados, e mesmo assim é possível que se cometam enganos. Por exemplo: seria um erro decifrar mapas rodoviários como se fossem pinturas rupestres (mágicas para turistas caçadores), ou como se fossem projeções (propostas para construir estradas). A "imaginação" que produz mapas rodoviários não é a mesma que produz pinturas rupestres e projeções. Explicar as imagens com a ajuda de textos pode então ser muito útil.

Mas há ainda outra razão mais profunda para a invenção da escrita e da consciência histórica. Existe nas imagens, como em todas as mediações, uma curiosa e inerente dialética. O propósito das imagens é dar significados ao mundo, mas elas podem se tornar opacas para ele, encobri-lo e até mesmo substituí-lo. Podem constituir um universo imaginário que não mais faz mediação entre o homem e o mundo, mas, ao contrário, aprisiona o homem. A imaginação não mais supera a alienação, mas torna-se alucinação, alienação dupla. Essas imagens não são mais ferramentas, mas o próprio homem se torna ferramenta de suas próprias ferramentas, "adora" as imagens que ele mesmo havia produzido. Foi contra essa idolatria de imagens, como uma terapia contra essa dupla alienação, que a escrita foi inventada. Os primeiros escritores na nossa tradição, como por exemplo os profetas, sabiam disso ao se empenharem contra os ídolos e sua criação. E assim fez Platão quando anunciou seu ódio por aquilo que agora chamamos de "artes plásticas". A escrita, a consciência histórica, o pensamento linear racional foram inventados para salvar a espécie humana das "ideologias", da imaginação alucinatória.

Se considerarmos a história como o período da escrita – o que implica que ela é um desenvolvimento ou uma melhoria em relação à pré-história, uma rendição explícita do que estava implícito nos mitos pré-históricos –, então descobriremos que é um processo lento e doloroso, para não dizer trágico. Na maior parte de seu curso, a consciência histórica foi o privilégio de uma pequena elite, enquanto a vasta maioria continuava a levar uma existência pré-histórica, mágico-mítica. Era assim porque os textos eram raros e caros, e o alfabetismo era privilégio de uma classe de escribas e *litterati*. A invenção da imprensa rompeu essa classe clerical, abriu e tornou a consciência histórica acessível à burguesia ascendente; mas foi somente durante a Revolução Industrial e por meio do sistema de escolas públicas primárias que se pode dizer que o alfabetismo e a consciência histórica se tornaram comuns nos países industrializados. Mas quase imediatamente se inventou um novo tipo de imagem, a fotografia, que começou a ameaçar a supremacia da escrita, e agora parece que o pensamento conceitual, racional e histórico está com os dias contados, como se estivéssemos nos aproximando de um novo tipo de era mágico-mítica, de uma cultura da imagem pós-histórica.

A razão pela qual o pensamento conceitual, racional (e a atuação conceitual e racional), é uma forma excepcional de existência, a razão pela qual a história parece ser um breve interlúdio dentro do atemporal "eterno retorno" é que a escrita, assim como a imagem, está sendo ameaçada por uma dialética interna, e na primeira isso adquire um aspecto mais pernicioso do que na criação da segunda. O propósito de escrever é dar significado, explicar as imagens, mas os textos podem se tornar opacos, inimagináveis, e então constituir barreiras entre o homem e o mundo. Os vetores do significado desses textos se viram e apontam para seus autores, em vez de apontarem para o mundo. Essa inversão na escrita pode ser observada muito cedo no curso da história, mas durante o século XIX ela se tornou óbvia: os textos científicos (que são a forma mais característica de escrita e, portanto, "o alvo da história") tendem a se tornar explicitamente inimagináveis (e são lidos de forma errônea quando se tenta imaginar o seu significado), e a pesquisa científica "descobre" as regras que ordenam seus próprios textos (em especial a lógica e a matemática) "por trás" do fenômeno que está explicando. Tais explicações inimagináveis que espelham a estrutura do pensamento esclarecido são existencialmente destituídas de significado, e em tal situação os textos começam a constituir uma espécie de parede de biblioteca paranóica que aliena triplamente o homem de seu mundo. É diante da loucura ameaçadora do racionalismo formal, de uma existência sem significado entre explicações opacas e especulativas, que se deve mirar o surgimento da nova cultura de imagens.

No entanto, seria um erro supor que a vida entre anúncios publicitários, sinais de trânsito, programas de TV, revistas e filmes será igual à vida antes da invenção da escrita, em que o analfabetismo voltará a prevalecer. As novas imagens são diferentes das imagens pré-históricas na medida em que são, elas mesmas, produtos de textos e alimentadas por textos. São produtos da história. A diferença essencial entre um programa de TV e uma tapeçaria não está no fato de que (como se poderia acreditar) um se move e fala enquanto a outra permanece parada e muda, mas de que o programa de TV é o resultado de teorias científicas (textos) e precisa de textos (de telegramas, por exemplo) para funcionar. Os novos tipos de imagens são mais bem denominados de "tecno-imagens", e a convenção em que estão baseados é mais bem designada de "tecno-imaginação", se é para se distinguir o mundo do futuro da existência pré-histórica. Sem dúvida, as tecno-imagens são um tipo de imagem, portanto significam, como toda imagem, um mundo de mitos e de magia. Mas a vida em um futuro ameaçador será mítica e mágica num sentido muito diferente do que ocorria na pré-história. Essa diferença pode ser colocada da seguinte forma: as imagens pré-históricas representam o mundo, as imagens pós-históricas representam textos; a imaginação pré-histórica tenta agarrar o mundo, a imaginação pós-histórica tenta ser a ilustração de um texto. Portanto, os mitos pré-históricos significam situações "reais" e os mitos pós-históricos significarão prescrições textuais; a mágica pré-histórica visa propiciar o mundo, enquanto a pós-histórica visa manipular as pessoas.

A maneira mais fácil de se imaginar o futuro da escrita – se houver continuidade da tendência atual em direção a uma cultura de tecno-imagens – é pensar aquela cultura como um gigantesco transcodificador de texto em imagem. Será um tipo de caixa-preta que tem textos como dados inseridos (*input*) e imagens como resultado (*output*). Todos os textos fluirão para essa caixa (notícias e comentários teóricos sobre acontecimentos, *papers* científicos, poesia, especulações filosóficas) e sairão como imagens (filmes, programas de TV, fotografias). O que quer dizer que a história fluirá para dentro daquela caixa e sairá de lá em forma de mito e mágica. Do ponto de vista dos textos que irão para dentro da caixa, essa será uma situação utópica: a caixa é a "plenitude de tempos" porque devora o tempo linear e o congela em imagens. Do ponto de vista das imagens que sairão da caixa, essa será uma situação em que a história se tornará um pré-texto para os programas. Em suma, o futuro da escrita é escrever pré-textos para programas enquanto acreditamos estar escrevendo por utopia.

Não é importante para a compreensão desse tipo de futuro da escrita tentarmos clarear a caixa-preta, tentarmos entender como ela funciona. A tentativa de "desmistificar" o aparato de transcodificação do futuro é com certeza um dos desafios mais importantes da "previsão e planejamento de futuros". Mas isso não é indispensável quando o problema é a escrita. Podem-se desconsiderar as engrenagens e os parafusos que constituem o aparato (a incontável "mídia", os "programadores" e outros operadores humanos e quase humanos que compõem o aparato) e concentrar-se nas imagens que saem da caixa mantida preta se quisermos ver o que significará ser um "escritor" nesse futuro. Em outras palavras: não é necessário analisar todo o sistema desesperançosamente complexo que está por trás de um programa de TV, se quisermos entender a atual crise do pensamento e das ações racionais. É suficiente analisar o programa.

Se alguém o fizer, descobrirá a raiz da crise atual: é uma inversão dos papéis históricos da razão e da imaginação. Pode-se dizer que a história é uma tentativa de submeter a imaginação à crítica da razão. Os textos são feitos para criticar as imagens, e a escrita, como um código, é uma análise de superfícies em linhas. Portanto, durante a história, a imaginação foi a fonte da razão: quanto mais forte a imaginação, maior o desafio à razão crítica, e as imagens ricas permitem explicações lineares mais vigorosas. Há algo de iconoclástico na razão histórica: quanto melhores os ícones contra os quais ela avança, mais forte se torna a razão. Mas agora a escrita está se subordinando à construção de imagens, e a razão à imaginação, e podemos observar isso ao analisarmos qualquer programa de TV. Quanto melhor o raciocínio, mais rica se torna a imaginação. O planejamento tem se tornado um processo altamente racional a serviço de objetivos altamente irracionais. A crise não é, portanto, a do desaparecimento da arte da escrita, da decadência da razão. Trata-se da prostituição da razão, da "traição dos pequenos funcionários". Podemos resumir assim: quando se torna óbvio que a razão pode ser uma espécie de paranóia, os pequenos funcionários param de ser iconoclastas e se tornam idólatras, e os atuais programas de TV estão entre os resultados dessa conversão.

Os programas de TV não são, é claro, os exemplos mais impressionantes do que acontece quando a razão trai a si mesma e serve à imaginação. O nazismo é a melhor ilustração disso. Ainda: pode-se argumentar que ele é um dos avanços mais crus em direção a uma futura cultura de imagens, ou que no futuro a cultura da tecno-imagem será o nazismo aperfeiçoado. É por isso que o mote de batalha "*l'imagination au pouvoir*" [a imaginação no poder], que sacudiu tantos intelectuais de seu sono dogmático em maio de 1968, soa de modo tão dúbio. Sem dúvida: a rebelião contra a razão paranóica, contra as explicações sem sentido, é necessária e saudável. Mas os intelectuais são escritores. Empenham-se em conceitos claros e distintos, empenham-se na razão. São a consciência histórica de sua sociedade. Se eles aderirem à afirmação de que a imaginação deveria prevalecer, a dignidade do homem (como um agente livre) – o que significa "história" – terá terminado.

Pode-se perguntar, no entanto, o que mais os escritores podem fazer no futuro imediato além de servir à imaginação. Se todos os textos serão devorados pelo gigantesco transcodificador para se tornarem imagens, como poderemos resistir a essa tendência? Não será o caso de, se resistir deliberadamente a essa tendência, um texto acabar se tornando forragem ainda melhor para o aparato transcodificador? As ações dedicadas à história e contrárias ao aparato, como os monges se auto-imolando até a morte ou os estudantes sendo mortos em manifestações, acabam sendo melhores pré-textos para programas de TV do que os "*scripts*" deliberadamente escritos para este veículo. Poderá parecer que a tendência de a escrita se subordinar à produção de imagens, o planejamento se subordinar à irracionalidade e a razão se subordinar à magia está cada vez mais automática e autônoma em relação às decisões individuais.

Essa seria uma interpretação perniciosamente errada sobre a atual crise da escrita. O propósito de escrever é explicar as imagens e a tarefa da razão é criticar a imaginação. Isso é duplamente verdadeiro na atual crise. Hoje em dia o propósito da escrita é explicar tecno-imagens e a tarefa da razão é criticar a tecno-imaginação. Está claro: isso implica um salto qualitativo para um novo nível de significado por parte da razão. No passado a escrita explicava as imagens do mundo. No futuro ela terá que explicar ilustrações de textos no futuro. Escrever, no passado, significava transformar imagens opacas em imagens transparentes para o mundo. Significará, no futuro, tornar transparentes as tecno-imagens opacas para os textos que estão escondendo. Em outras palavras: a razão, no passado, significava a análise dos mitos, e no futuro significará des-ideologização. A razão ainda continuará iconoclástica, mas em um novo nível.

Nada garante que a razão será capaz de conseguir dar esse salto, embora haja alguns sintomas (por exemplo, a informática e a análise estrutural) que apontem nessa direção. É perfeitamente possível que a tendência geral em direção às tecno-imagens venha a se tornar irresistível, e que a razão se degenere no planejamento de programas. Que escrever não significará fazer "gramas", mas fazer "programas",* e que todos os textos se tornarão pré-textos. Então, de fato, podemos discernir atualmente dois possíveis futuros para a escrita: ou ela se tornará uma crítica da tecno-imaginação (o que significa: um desmascaramento das ideologias escondidas atrás de um progresso técnico que se torna autônomo em relação às decisões humanas) ou se tornará a produção de pretextos para a tecno-imaginação (um planejamento para aquele progresso técnico). Na primeira alternativa, o futuro se tornará inimaginável por definição. Na segunda, a história, no sentido estrito do termo, caminhará para um fim, e poderemos facilmente imaginar o que se seguirá: o eterno retorno da vida em um aparato que progride por meio de sua própria inércia.

* Em inglês, no original, "*grams*" e "*programs*".

IMAGENS NOS NOVOS MEIOS

152

Uma imagem é, entre outras coisas, uma mensagem: ela tem um emissor e procura por um receptor. Essa procura é uma questão de transporte. Imagens são superfícies. Como elas podem ser transportadas? Depende dos corpos em cujas superfícies as imagens serão transportadas. Se os corpos consistirem em paredes de cavernas, como em Lascaux, então as imagens não serão transportáveis. Nesse caso, os receptores têm de ir até as imagens. Há corpos que permitem um transporte mais cômodo, como, por exemplo, os quadros de madeira e as telas emolduradas. Nesse caso pode-se usar o método de transporte misto – transportam-se as imagens para um lugar comum em que elas são depositadas, como uma igreja ou uma exposição, e depois se transportam os receptores para lá. Mas tais casos também permitem outro método. Um indivíduo pode adquirir um corpo que transporte imagens – pode comprar, roubar ou conquistar – e tornar-se o receptor exclusivo da mensagem. Recentemente inventou-se algo novo: é possível produzir imagens incorpóreas, superfícies "puras", e é possível traduzir (transcodificar) todas as imagens anteriores nesse tipo de imagem. Nesses casos, os receptores não são mais transportados: essas imagens podem ser reproduzidas à vontade e alcançar cada receptor isolado, onde quer que ele esteja. A questão do transporte é, no entanto, mais complicada do que se apresenta aqui: por exemplo, fotos e filmes são fenômenos de passagem entre telas emolduradas e imagens incorpóreas. E essa tendência é bastante clara: as imagens se tornam cada vez mais transportáveis, e os receptores cada vez mais imóveis, isto é, o espaço político se torna cada vez mais supérfluo.

Essa tendência apresentada é característica sobretudo da revolução cultural dos tempos atuais. Todas as mensagens (informações) podem ser copiadas e transmitidas para receptores imóveis. Trata-se, na verdade, de uma revolução cultural, e não apenas de uma nova técnica. Quando, por exemplo, o receptor não precisa distanciar-se de seu espaço privado para ser informado, isso quer dizer que o espaço público (a política) se tornou superficial. Mas, no caso do transporte de imagens, estão em jogo alguns aspectos específicos. Tentaremos mostrar como esses aspectos podem ser desestabilizadores. Para isso, vamos comparar aqui três situações: a imagem de um touro numa caverna, um quadro exposto diante do ateliê de um pintor e a imagem que se encontra na tela de televisão em um quarto de dormir. E na verdade essas três situações seriam comparáveis primeiramente a partir do ponto de vista do emissor e, depois, a partir do ponto de vista do receptor.

A caça do touro é uma atividade de interesse vital. Não se pode fazê-la cegamente, como o faz, por exemplo, um chacal. É preciso afastar-se dela, considerá-la de fora (da subjetividade) e orientar-se conforme o que se vê. E assim se poderá caçar melhor. Mas o que se vê é fugidio: tem de ser fixado em uma parede rochosa. E isso deve ser feito assim; exatamente para que outros possam orientar-se a partir do que é representado. Essa representação fixada e intersubjetivada é a imagem do touro na parede da caverna. É um reconhecimento fixado, uma vivência fixada, uma valoração fixada, e é um modelo para o reconhecimento intersubjetivo futuro, para a vivência e para o comportamento em futuras caças de touro. Isso é "imagem", no sentido próprio da palavra. O transporte dessa imagem não vem absolutamente ao caso. Os receptores (algo como o tronco familiar) têm de se reunir em volta da imagem a fim de se exercitar em vista da futura caçada de touro (por exemplo, dançando).

O pintor aprendeu a codificar suas vivências, seus reconhecimentos e valores em superfícies coloridas. O código foi transmitido de geração em geração, ao lado de outros (por exemplo, o alfabeto ou os tons musicais): o pintor navega em uma história. Ele se esforça em seu espaço privado para juntar a esse código geral, intersubjetivo, aquilo que é específico para ele (suas próprias vivências etc.). Por meio desse "ruído" o código é enriquecido, e essa é a sua contribuição para a história. Uma vez que uma imagem produzida dessa forma está pronta (totalmente perfeita ela não pode ser, porque tanto o código quanto o material se defendem contra a perfeição), deve ser transportada do espaço privado para o público, para poder então se inserir na história. O pintor expõe o seu quadro diante de sua casa na praça do mercado para que os passantes possam criticá-lo. O que significa: para poder assegurar o valor da imagem. E "valor" no duplo sentido: por um lado, no sentido de sua utilização na história futura (valor de troca), e, por outro, no sentido de seu grau de perfeição (valor intrínseco). O pintor pinta imagens porque está engajado na história, a saber, ele está pronto para publicar o que é privado. E ele vive disso e por isso.

Para poder administrar uma sociedade tão complexa como a pós-industrial, é preciso antever o comportamento dessa sociedade. O método adequado é prescrever seus modelos de comportamento. Os quadros são (como se pode reconhecer nas cavernas) bons modelos de comportamento. Eles têm a vantagem ainda de funcionar também como modelo de vivência e de cognição. Ou seja, a administração emprega especialistas para produzir tais imagens. Esses especialistas precisam da ajuda de outros, por exemplo daqueles que transportam as imagens para a sociedade e dos que medem o grau de efeito dessas imagens. Os especialistas de gravura não são propriamente emissores, mas sim funcionários da emissão.

O caçador paleolítico se arrasta na caverna escura, misteriosa e de difícil acesso, para poder se resguardar da tundra aberta. Lá ele procura e encontra imagens que permitem que não se perca na tundra. E então ele pode orientar-se em sigilo (e juntamente com outros), conforme as imagens. O mundo ganha para ele um sentido, e as imagens o tornam um caçador. Por isso as imagens, da mesma maneira como se encontram nas paredes das cavernas e brilham à luz da tocha, são uma revelação do próprio homem e do mundo; elas são sagradas.

O cidadão deixa sua casa e vai ao mercado (ou a um espaço público como a igreja) para participar da história. Ele procura publicações, entre elas imagens. Cada publicação exige que seja por ele criticada, isto é, que possa ser integrada às informações nele acumuladas (informações históricas). Quanto mais difícil de se integrar uma publicação nas informações acumuladas, mais original ela é, ou seja, mais interessante. E quanto menos "original" ela for, mais confortavelmente poderá ser incorporada. Esse é o critério para toda crítica da informação, e também para a crítica das imagens. Se o cidadão quiser enriquecer, poderá comprar uma imagem original e levá-la para casa a fim de processá-la. As informações que ele acumula (ou seja, ele próprio) serão assim modificadas. Se quiser, no entanto, evitar ser vítima de compra, então poderá se satisfazer recolhendo as informações imagéticas somente ao passar por elas. Esse é o risco que corre o pintor, já que vive de suas vítimas.

O funcionário pós-industrial (homem e mulher) e seus filhos deixam-se alcançar pelas imagens das telas eletrônicas. Como o assim chamado "tempo livre" (ou seja, o tempo aparentemente sem função) se torna cada vez mais amplo, então esse alcance adquire dimensões cada vez maiores e comprova ser efetivo em termos funcionais. O funcionário aparentemente fora de sua função (por exemplo, o executivo que se acomoda numa cadeira muito confortável e acaba se tornando um objeto) é programado pelas imagens para funcionar como produtor e consumidor de coisas e de opiniões de determinado tipo. E com isso as imagens são programadas de forma a reduzir ao mínimo toda crítica por parte do receptor. Esse objetivo é alcançado por meio de diversos métodos, como, por exemplo, a inflação de imagens, que impossibilita qualquer escolha, ou então a aceleração da seqüência de imagens. Não é factível para o receptor interromper a transmissão simplesmente desligando o seu aparelho e passar, assim, da condição de objeto à condição de sujeito. Para isso ele teria que desistir de sua função e segregar-se socialmente.

• • •

Quando se comparam aqui as três situações entre si, então se lastima que em todas elas se tenha falado de imagem. A palavra, em cada situação, tem um sentido completamente diferente. Na primeira, ela significa uma revelação adquirida graças a um afastamento do mundo. Na segunda, ela representa uma contribuição particular para a história pública, que exige ser processada por outros. Na terceira situação, significa um método para se programar o comportamento dos funcionários da sociedade pós-industrial. Mas é inevitável, nesses três casos, que se fale de imagem, e isso não somente porque se trata de superfícies que portam tais informações, mas sobretudo porque o significado histórico e pré-histórico de "imagem" repercute no significado contemporâneo ("pós-histórico"). As imagens que brilham na tela escondem em si restos da sacralidade pré-histórica e do engajamento histórico (e isso, na verdade, tanto no sentido político quanto estético da palavra). É isso precisamente que torna o julgamento da presente situação tão difícil.

Há uma tendência a se confundir a recepção das telas com a das imagens das cavernas, como se as novas imagens se precipitassem sobre nós em uma condição pré-histórica porque acrítica, e como se por isso fossem despolitizadas. Há também a tendência a se confundir essa recepção com aquela dos quadros na exposição, como se as novas imagens continuassem sendo apenas emissões de pessoas engajadas estética e politicamente, e como se não fossem mais aqueles originais à venda, mas sim cópias genericamente acessíveis. Cada uma dessas tendências conduz a outro julgamento da situação, a um julgamento pessimista da primeira e otimista da segunda. Ambos são um erro. Temos que tentar julgar a situação presente conforme as características que lhes são próprias, se não quisermos perder de vista os significados anteriores de "imagem". Então talvez cheguemos à conclusão a seguir.

Da forma como as imagens são transportadas atualmente, elas devem preencher a função descrita com programas de comportamento: têm que transformar os seus receptores em objetos. É essa a intenção que está por trás desse transportar. Mas o método de transporte atual não corresponde necessariamente à técnica dos novos meios, mas apenas à intenção subjacente a eles. Os meios podem ser dispostos diferentemente (até mesmo para se tornarem mais eficazes), a saber, não como feixes que ligam o emissor a inúmeros receptores, mas como uma rede que conecta os indivíduos uns com os outros, graças aos cabos reversíveis. Portanto, não como a televisão, mas como a rede telefônica. E isso significa que as imagens não têm de ser transmitidas de maneira necessariamente técnica, mas podem ser tanto enviadas quanto recebidas tecnicamente. A condição atual das imagens deve ser considerada, portanto, apenas uma entre outras possibilidades técnicas.

A intenção que está por trás do transporte das imagens é na verdade enorme, mas não indominável. Em todos os lugares já existem indícios de mudanças em relação ao transporte de imagens, sobretudo no campo das imagens computadorizadas. Aí podemos observar como elas são transmitidas por um emissor a um receptor para serem processadas por esse receptor e retransmitidas de volta. Esses primeiros passos mostram como é tecnicamente possível encontrar um caminho para superar a situação atual da emissão das imagens. Esses primeiros passos mostram que é possível neutralizar de modo técnico o "poder" político, econômico e social.

Se essa mudança fosse alcançada (e em parte ela já está em curso), então o conceito "imagem" ganharia um quarto e novo significado. Entraria em jogo assim uma superfície incorpórea, sobre a qual, graças ao trabalho de muitos participantes, poderiam ser projetados significados. E os significados de imagem anteriores seriam "elevados" (*aufgehoben*) a um novo nível. A imagem, como nas condições atuais, permaneceria genericamente acessível; seria uma cópia confortável de se transportar. Ela recobraria seu potencial político, epistemológico e estético, como naquele tempo em que eram os pintores que as produziam. E talvez elas até mesmo recobrassem algo de seu caráter sagrado original. Tudo isso é tecnicamente possível hoje em dia.

O que se procura dizer aqui faz sentido não apenas para as imagens, mas também para a existência futura. Dito de modo sucinto: os novos meios, da maneira como funcionam hoje, transformam as imagens em verdadeiros modelos de comportamento e fazem dos homens meros objetos. Mas os meios podem funcionar de maneira diferente, a fim de transformar as imagens em portadoras e os homens em designers de significados.

UMA NOVA IMAGINAÇÃO

A singular capacidade do homem de criar imagens para si mesmo e para os outros tem sido, pelo menos desde Platão, um dos temas das reflexões filosóficas e teológicas. Essa capacidade parece de fato algo próprio da espécie humana, pois nenhuma outra espécie anterior à nossa produziu coisas que pudessem ser comparadas com as imagens rupestres da Dordonha, por exemplo. Na tradição acima mencionada, a reflexão sobre essa competência é retratada, na maioria das vezes, de forma especulativa, sob o nome de "imaginação" (*Imagination*) ou "faculdade imaginativa" (*Einbildungskraft*): ela é compreendida quase sempre como algo dado, como um fato. Na verdade, pressupõe-se que exista algo como uma "faculdade imaginativa", e então se discute sobre ela. Desde Husserl aprendemos a eliminar tais pressuposições e a falar do fenômeno propriamente. E, nesse caso específico, ao fazermos isso, a imaginação (*Einbildungskraft*) manifesta-se como um gesto complexo, deliberado ("intencional"), com o qual o homem se posiciona em seu ambiente. Se esse gesto for considerado de maneira mais precisa, veremos que as imagens devem seu surgimento não apenas a um único gesto, mas a dois gestos exatamente opostos um ao outro. A tradição filosófica e teológica pensa exclusivamente um desses gestos, e isso por um bom motivo: o segundo gesto da criação de imagens (*Bildermachen*) tornou-se factível apenas no passado recente. Parece necessário, portanto, diferenciar da forma mais precisa possível esses dois gestos, contrapor essas duas "faculdades imaginativas" (*Einbildungskräfte*) para que se possa compreender a revolução cultural contemporânea e o novo modo de estar no mundo.

• • •

Consideremos, em primeiro lugar, o gesto inaugural da criação de imagens. A figuração do cavalo na gruta de Peche-Merle pode nos servir de exemplo. Quando se tenta compreender o gesto de um desses primeiros configuradores de imagens, é preciso dizer o seguinte: ele se afastou de um cavalo, olhou para ele e depois fixou essa visão fugidia na parede da caverna, exatamente para que outros pudessem reconhecê-la. O propósito desse gesto complexo provavelmente era usar a visão fixada como modelo para uma ação posterior (uma caçada de cavalo, por exemplo). Cada fase desse gesto deve ser observada em detalhes.

A questão fundamental é para onde se vai quando se afasta do cavalo. Talvez se pudesse pensar que seria suficiente distanciar-se dele em direção a um lugar bem afastado, por exemplo o topo de um morro. No entanto, a experiência nos diz que isso não é tudo. Para fazer a imagem de um cavalo é preciso, de algum modo, que se volte ao mesmo tempo para si mesmo. (Se não tivéssemos uma experiência própria nesse sentido, não acreditaríamos nessa afirmação.) Esse raro não-lugar (*Un-ort*) em que se pisa, ali onde são criadas as imagens, na tradição foi chamado de "subjetividade" ou "existência". Em outras palavras: "imaginação" (*Einbildungskraft*) é a singular capacidade de distanciamento do mundo dos objetos e de recuo para a subjetividade própria, é a capacidade de se tornar sujeito de um mundo objetivo. Ou ainda, é a singular capacidade de ex-sistir (*ek-sistieren*) em vez de in-sistir (*in-sistieren*). Esse gesto começa, digamos, com um movimento da abstração, de afastamento-de-si, de recuo.

O ponto de vista que se alcança com esse recuo é no mínimo desconfortável. Entre ele e o mundo objetivo (*objektive Welt*) abriu-se um abismo, há uma grande distância entre os dois. Nossos braços não são suficientemente longos para atravessar esse abismo entre nós, sujeitos, e o mundo dos objetos. Os objetos deixaram de ser alcançáveis e, por isso, no sentido estrito da palavra, não são mais "objetivos" (*gegenständlich*), mas apenas "fenomênicos"; eles agora somente aparecem, passam a ser visíveis apenas. Por isso é desconfortável esse ponto de vista, porque nos faz duvidar da objetividade desse mundo que apenas aparece e não mais se manifesta. No entanto, ele oferece uma vantagem: agora que não esbarramos mais nas coisas, podemos observá-las, vê-las em seu contexto; podemos deduzir fatos. Agora que não esbarramos mais numa árvore após a outra, podemos ver a floresta. E é exatamente esse o propósito desse gesto de abstração, ou seja, deduzir as circunstâncias, fixá-las e utilizá-las como modelo para ações futuras, para caças melhores de cavalos. Trata-se de "*réculer pour mieux sauter*" [recuar para saltar melhor]: tais imagens são visões fixadas dos fatos e servem de quadros orientadores para ações futuras.

Essa afirmação, no entanto, já foi contestada algumas vezes. Será que o propósito por trás da imagem do cavalo teria sido única e exclusivamente proporcionar melhores caçadas de cavalo? Supondo que sim (e supondo que não existissem motivações puramente estéticas escondidas nessas imagens), o que se poderia dizer nesse sentido com relação a outras imagens? As chamadas imagens "abstratas" seriam também visões fixadas de fatos? E, caso as entendamos como quadros orientadores, serviriam de modelos para que tipo de ações? Poderíamos fazer frente a todas essas contestações da estética tradicional, mas isso não é absolutamente importante neste ensaio. Trata-se aqui de diferençar os gestos de criação de imagens, e para essa finalidade é suficiente a afirmação acima, mesmo que ela simplifique indevidamente o estado das coisas (*Sachlage*).

Porém, em contrapartida, deve-se acrescentar que esse afastamento do objeto, esse recuo necessário para a abstração, não é suficiente para a criação de imagens. A "imaginação" (*Einbildungskraft*) por si só não é suficiente para criar imagens. Aquilo que é visto (o fato, a circunstância) deve ser fixado e se tornar acessível para outros. Deve ser codificado em símbolos, e esse código deve ser alimentado em uma memória (numa parede rupestre, por exemplo); o código existe para ser decifrado por outros. Dito de outra forma: aquilo que é visto de maneira privada tem de ser publicado, o que é visto subjetivamente tem de ser intersubjetivado. Isso coloca problemas complexos, que não são ainda de todo evidentes. Embora as teorias da comunicação e da informação tenham se empenhado nesse sentido e, conseqüentemente, eliminado do caminho certas reflexões tradicionais (por exemplo, ao identificarem como ideológicos conceitos como "intuição" ou "inspiração"), não se pode afirmar que tenhamos conseguido de fato compreender essa fase do gesto de criação de imagens. Mas felizmente não vemos necessidade neste momento de uma análise profunda desse problema. O que se trata aqui não é da criação de imagens, mas da diferenciação entre dois tipos de criação imagética. Para fazer essa diferenciação é suficiente pensar na primeira fase da criação imagética (ou seja, no afastamento do mundo objetivo, no recuo abstrativo). As outras fases não serão tratadas agora.

• • •

A tradição, não apenas filosófica mas sobretudo teológica, fertilizada pelo judaísmo, contestou esse tipo de figuração (*Bildermachen*). Essa contestação pode ser sintetizada da seguinte forma: as imagens assim produzidas não são quadros de orientação dignos de confiança. (E como a tradição desconhece outro modo de produção, essa resistência acabou levando à proibição de imagens.) Se trouxéssemos essas resistências e contestações para uma terminologia atual, então elas poderiam ser agrupadas em três argumentos principais: (1) O ponto de vista a partir do qual se imagina (de onde se criam as imagens) é ontológica e epistemologicamente duvidoso; ele faz com que se duvide da objetividade (*Gegenständlichkeit*) daquilo que é visto. (2) Os códigos imagéticos são necessariamente conotativos (permitem interpretações contraditórias) e por isso não se pode confiar neles como modelos de comportamento. (3) As imagens são mediações entre o sujeito e o mundo objetivo, e como tais estão submetidas a uma dialética interna: elas imaginam os objetos que apresentam. O argumento (3) é importante sobretudo para a tradição teológica, enquanto o argumento (1) tem, por sua vez, um peso maior na tradição filosófica. Como a tradição teológica precede em importância histó-

rica a tradição ontológica, o argumento (3) deve ser mais bem analisado.

As imagens (como toda mediação) tendem a obstruir o caminho em direção àquilo que é mediado por elas. E com isso seu posicionamento ontológico vira de ponta-cabeça: de placas indicativas elas se tornam obstáculos. A conseqüência é uma inversão nociva do homem em face das imagens. Agora, em vez de se utilizar da circunstância expressa nas imagens como modelo para uma orientação no mundo dos objetos, o homem começa a empregar sua experiência concreta nesse mundo para se orientar nas imagens. Em vez de basear-se nelas para lidar com o mundo dos objetos, ele começa a tomar como base sua experiência com o mundo concreto para poder lidar com as imagens. Essa inversão se chama "idolatria", e o comportamento resultante dessa idolatria é chamado de "mágico". Entende-se então que as imagens devem ser proibidas porque necessariamente alienam o homem, o levam à loucura da idolatria e do comportamento mágico.

Mas, diante desses três argumentos (sobretudo do terceiro), pode-se defender um ponto de vista que evite a proibição de imagens. Pode-se dizer o seguinte: que não é possível se orientar no mundo sem que se faça antes uma imagem dele (a imaginação é imprescindível para nossas ações e a compreensão do mundo). Mas os argumentos contra as imagens são corretos. Portanto, não é oportuno que se proíba a criação de imagens, mas certamente é oportuno que as imagens produzidas sejam submetidas à crítica. Tal crítica deverá esclarecer ontológica e epistemologicamente o duvidoso ponto de vista da imaginação (argumento 1), deverá interpretar os códigos imagéticos em códigos denotativos (argumento 2), e deverá também tornar as imagens transparentes para aquilo que é representado por meio delas (argumento 3). Para conseguir isso, uma crítica como essa deve se afastar das imagens (um passo ainda mais distante com relação ao mundo dos objetos).

Esse ponto de vista foi adotado no Ocidente há pelo menos 3.500 anos. A cultura ocidental como um todo pode ser considerada uma tentativa progressiva de explicar a imaginação (de explicar as imagens). E para isso foi criada a escrita linear, código que permite denotar os códigos imagéticos e assim clarear o ponto de vista da imaginação, tornando as imagens transparentes de novo para o mundo dos objetos. Esse fato pode ser visivelmente constatado nas primeiras plaquetas mesopotâmicas. Lá se torna manifesta a intenção por trás dos gestos da escrita linear. Elementos imagéticos isolados (*pixels*) são assim retirados da tela para serem ordenados numa seqüência de pictogramas. O propósito aí é decodificar as imagens bidimensionais em linhas unidimensionais, submetê-las a uma crítica que enumera, que conta. Essa intenção iconoclástica subjacente aos gestos de escrita linear se torna mais visível com o alfabeto do que com os pictogramas. Lá a crítica que descreve as imagens não é apenas aquela que narra, mas também aquela que discute.

A intenção esclarecedora por trás da escrita linear (como pode ser observada, por exemplo, nas epopéias gregas, nos profetas judeus e também na filosofia e na teologia) prova que aí foi alcançado um nível de pensamento mais abstrato do que aquele a partir do qual as imagens são produzidas: um nível unidimensional (discursivo). A partir daí o mundo dos objetos não é mais visto como um contexto de circunstâncias, mas entendido como um feixe de processos. As regras escritas são bem claras, e os símbolos da escrita são bastante denotativos, de modo que o mundo dos objetos pode ser entendido como um feixe de processos e tratado de modo bastante metódico, ou seja, científica ou tecnicamente. Em resumo, trata-se de explicar de maneira causal e lógica as imagens para poder tratar o mundo de forma metódica, por meio das imagens que se tornaram assim transparentes.

Como se pode constatar, uma crítica das imagens, por ser escrita, não é suficientemente radical. Percebe-se também que os discursos lineares (sobretudo as explicações causais e os processos lógicos do pensamento) nem sempre podem ser usados como modelos para uma abordagem metódica do mundo. Essa "crise da ciência" (essa crítica cientificista, que fundamentalmente é uma crítica do Iluminismo) não apenas começa com Hume e Kant como acompanha *sotto voce* todo o discurso do Ocidente. Da perspectiva das reflexões aqui propostas relacionadas à imaginação, essa crítica à crítica das imagens pode ser formulada da seguinte maneira: na verdade, o gesto linear da escrita retira os *pixels* isolados da tela e, no entanto, trama os *bites* que são selecionados a partir da imagem em linhas. Essa fase de trama do gesto de escrever nega sua intenção crítica, pois aceita a estrutura linear de forma acrítica. Aqui, trata-se provavelmente de um elemento cultural muito antigo: os mariscos sempre se desenvolveram em trama, como uma corrente. Se o propósito for fazer uma crítica radical às imagens, então elas devem ser analisadas. E isso significa processar formalmente os *bites* arrancados, em vez de ordená-los de acordo com estruturas lineares preestabelecidas. É preciso "calculá-los". Somente uma imaginação totalmente calculada pode ser considerada explicada.

Um código apropriado para uma análise desse tipo, a saber, o código numérico, está à disposição há bastante tempo. E há muito esse código foi efetivamente incorporado ao código alfabético. Com certeza, devido ao fato antigo de o homem ser consciente da crítica (essa crítica feita por meio da escrita alfabética) insuficientemente radical das imagens, pelo menos a partir da práxis. Trata-se no entanto, nessa incorporação, de se introduzir um corpo estranho na linha. O código alfanumérico é intrinsecamente contraditório, pois o gesto da notação numérica é um movimento bem diferente daquele da escrita linear. Não é um gesto deslizante, mas interrupto, um gesto de escolha. A "visão" (*Schau*) fenomênica mostra esse gesto como o processamento de elementos adimensionais, de pontos, "grânulos" (*Körner*). Trata-se de outra intenção, diferente daquela de quando se escreve, ou seja, trata-se de uma intenção analítica, desagregante, separadora. E aí o pensamento terá galgado uma altura elevada e insuperável de abstração. Terá saído do mundo e pisado no nada (nos elementos pontuais sem dimensão, separados uns dos outros por intervalos). E de lá (isto é, de lugar nenhum) poderá analisar primeiramente os processos, depois os acontecimentos e, por fim, o mundo dos objetos.

Enquanto o código numérico permaneceu preso ao código alfabético (isto é, durante quase toda a história ocidental), era seu poder denotativo (a clareza e a distinção de seus símbolos) que colocava de maneira rara dificuldades aparentemente intransponíveis. Quando se analisa uma imagem (ou outra coisa), ela é destruída em elementos pontuais, entre os quais se abrem intervalos, e através desses intervalos deve escapar aquilo que é analisado. O código numérico é "vazio", e um pensamento cifrado nesse código (como a *clara et distincta perceptio*) deve necessariamente perder aquilo que é pensado. Descartes procurou remediar essa dificuldade com a geometria analítica, e Newton e Leibniz procuraram fazer isso por meio da integração de diferenciais. Eles queriam, graças a artifícios cada vez mais complexos, inserir o código numérico na estrutura do código linear e forçar, por exemplo, equações diferenciais a descrever processos. Apesar do pensamento numérico de elevada abstração, o propósito era permanecer no pensamento linear, processual ("histórico").

No entanto, essa situação mudou recentemente, de forma radical. O código numérico evadiu-se do código alfabético, e com isso pôde livrar-se da obrigação de linearidade e passar dos números para as informações digitais. Dessa forma, todos os artifícios considerados necessários até aqui, como, por exemplo, o cálculo diferencial, se tornaram desnecessários: agora se pode calcular com os dedos, mas com uma velocidade sobre-humana, já que foram inventadas as máquinas de calcular automáticas. A mudança no pensamento (e na ação), provocada por essas invenções, ainda está em curso e não chegou ao fim. Do ponto de vista da reflexão proposta aqui, as imagens, graças à rapidez possível da contagem com os dedos, se tornaram completamente analisáveis, e com isso todas as objeções apresentadas pela tradição filosófica e teológica contra as imagens se tornaram sem fundamento. Podemos agora, a partir de nossa imaginação, voltar a uma abstração absoluta, e a partir daí tratar os objetos por meio desse tipo de imaginação renovada. Finalmente podemos realizar caçadas de cavalos de maneira correta e metódica.

• • •

O ato de retirar o código numérico do código alfabético (e, com isso, a retirada do pensamento que calcula do pensamento histórico e linear) teve, no entanto, um resultado imprevisto pela tradição: possibilitou um novo gesto de criação de imagens, contrário ao gesto antigo e intencional. Surgiu uma nova imaginação, contrária à antiga, e dela derivam imagens contra as quais as objeções da filosofia e da teologia não podem ser aplicadas. Ao analisar esse novo gesto de criação de imagens de modo fenomenológico, ele se mostra como um gesto de ajuntamento de elementos pontuais (algo calculado) para a formação de imagens;

mostra-se como uma computação. Poderíamos pensar que as objeções filosóficas e teológicas seriam sem fundamento no caso das imagens desse gênero, pois se trata, com relação a elas, de uma imaginação desde o início completamente criticada e analisada. Nem mesmo o mais ortodoxo talmudista teria alguma objeção contra essas imagens, pois elas não induzem ao erro ontológico de confundir o que se imagina com o que se imaginou. E nem mesmo o crítico (*Epistemolog*) mais ortodoxo teria algo contra, pois essas imagens não ocultam seu caráter de simulação. Nem mesmo Platão teria algo a opor, pois essas imagens são as "idéias puras" e sua contemplação é, em conseqüência, teoria – conduz à sabedoria e não à opinião. Mas quando se pensa assim é porque ainda não se apreciou a inversão da imaginação com relação a essas imagens. É necessário, portanto, analisar esse novo gesto de criação de imagens mais detalhadamente.

É um gesto que concretiza: reúne elementos adimensionais para recolhê-los em uma superfície, ignorando o intervalo entre esses pontos. E nisso esse gesto se diferencia do gesto figurativo que veio sendo tratado até aqui: não é um gesto de abstração nem de recuo, mas, ao contrário, ele concretiza, projeta. Na verdade, esses dois gestos levam à criação de imagens (e por isso podem ser chamados de "imaginação"), mas se trata, em ambos os casos, de outro tipo de imagem. As imagens da imaginação até hoje são bidimensionais porque foram abstraídas do mundo, digamos, quadridimensional; e as imagens da nova imaginação são bidimensionais porque foram projetadas por cálculos adimensionais (*nulldimensional*). O primeiro tipo de imagens faz a mediação entre o homem e seu mundo; o segundo tipo, entre cálculos e sua possível aplicação no entorno. O primeiro significa o mundo; o segundo, cálculos. O primeiro é cópia de fatos, de circunstâncias; o segundo, de cálculos. Os vetores significativos das duas imaginações indicam direções opostas, e as imagens do primeiro tipo devem significar coisas diversas das do segundo. Essa é propriamente a razão por que a crítica tradicional nesse campo passa ao largo das novas imagens.

O modo como acontece esse novo gesto que concretiza e cria imagens pode ser observado na sintetização daquelas computadorizadas. O computador é uma calculadora provida de memória. Nessa memória podem ser inseridos os cálculos, caso tenham sido passados do código numérico para o código digital, ou seja, caso esses cálculos tenham sido buscados no código alfanumérico. Agora senta-se diante de um teclado, busca-se na memória, a partir de cada toque no teclado, um elemento pontual após o outro, a fim de integrar uma imagem na tela, de computá-la. Essa busca feita passo a passo pode ser automatizada e acontecer muito rapidamente. As imagens aparecerão na tela numa velocidade estonteante, uma após a outra. Pode-se observar essa seqüência de imagens como se a imaginação tivesse se autonomizado, como se tivesse se deslocado de dentro (digamos, da cabeça) para fora (para o computador), como se pudéssemos ver nossos próprios sonhos do lado de fora. De fato algumas dessas imagens reluzentes podem nos surpreender: são inesperadas. Podem ser fixadas na tela (e na memória do computador). Desse modo, as imagens fixadas podem ser alteradas, pode-se iniciar uma espécie de diálogo entre a própria imaginação e aquela que foi introduzida no computador. Uma vez alteradas, as imagens podem ser encaminhadas para outros produtores de imagens (não importa o lugar em que estes se encontrem), e podem ser novamente modificadas por esses produtores para serem reencaminhadas ao remetente. Pode-se ver que o novo gesto de criação imagética tem uma estrutura diferente daquele de Peche-Merle, embora alguns elementos aí possam ser reconhecidos.

Mas o que é de fato novo é que os propósitos (as intencionalidades) dos dois gestos são diferentes. O propósito por trás de Peche-Merle é criar uma cópia de uma circunstância que possa servir de modelo para ações futuras. A intenção por trás da imagem sintetizada pode ser semelhante: criar uma cópia de um cálculo (por exemplo, o cálculo de um avião) que possa servir de modelo para ações futuras (por exemplo, para a produção de aviões por meio de robôs). Se as novas imagens forem feitas, no entanto, com tal intenção, então se terá colocado a nova imaginação a serviço da antiga, e a atual revolução em andamento ainda não se terá consumado. Pois essencialmente as novas imagens são criadas para que se busque, entre as possibilidades dadas, o inesperado (a saber, no diálogo com outros), de modo que a realização desse inesperado é experimentada apenas como uma espécie de manifestação paralela que ocorre quando tratamos do mundo dos objetos. Um exemplo expressivo desse novo propósito é oferecido pelas imagens das chamadas "equações fractais": trata-se de cópias de cálculos que analisam sistemas extraordinariamente complexos e "autônomos" (digamos caóticos). Esses cálculos resultam em imagens inesperadas (informativas, "belas"), e com elas pode-se brincar quase infinitamente. É verdade que algumas delas parecem cópias de circunstâncias (quando essas circunstâncias, tais como formações geológicas, nuvens ou traços artísticos, possuem uma estrutura fractal), e também é verdade que algumas dessas imagens podem servir de modelo para ações (por exemplo, para a produção de medicamentos que tenham estrutura fractal oposta à do vírus em combate). Mas essa é uma manifestação paralela na produção de tais imagens. A verdadeira intenção é buscar situações inesperadas num campo de possibilidades dado. A própria intencionalidade por trás da nova imaginação é aquilo que a tradição chamava de "estética pura" (*l'art pour l'art*). Por isso pode-se dizer, então, que o que diferencia a nova imaginação da antiga é o fato de que nela se desdobra a "estética pura" que se encontra instalada na antiga, e de que ela pode fazer isso porque a nova imaginação se encontra num ponto de vista de abstração insuperável, a partir do qual as imagens podem ser criticadas e analisadas. Dito de outro modo: somente quando as imagens são feitas a partir de cálculos, e não mais de circunstâncias (mesmo que essas circunstâncias sejam bem "abstratas"), é que a "estética pura" (o prazer no jogo com "formas puras") pode se desdobrar; somente assim é que o *Homo faber* pode se desprender do *Homo ludens*.

• • •

Nessa tentativa de diferenciar as duas formas de imaginação falamos de uma série de gestos que, vistos em sua totalidade, oferecem um retrato do desenvolvimento da humanidade. Algo mais ou menos assim: primeiramente recuamos do mundo para poder imaginá-lo. E então nos afastamos da imaginação para poder descrevê-lo. Depois nos afastamos da crítica escrita e linear para poder analisá-lo. E, finalmente, projetamos imagens sintetizadas a partir da análise, graças a uma nova imaginação. Claro que essa seqüência de gestos não deve ser vista como uma seqüência linear. Os gestos isolados não se desfazem nem se soltam uns dos outros, mas se sobrepõem e prendem-se uns aos outros. Paralelamente à sintetização das imagens, continua-se pintando, escrevendo e analisando, e esses gestos entrarão numa tensão imprevisível e em frutificações opostas. Mas o que agora nos diz respeito existencialmente é o penoso salto do linear ao adimensional (*nulldimensional*), ao "quântico", ao sintetizável (ao computável), esse salto que temos que dar. A exigência que se nos coloca é a de ousarmos dar o salto na nova imaginação.

Sem dúvida alguma isso é uma ousadia. Colocamos em jogo aí todas as nossas categorias históricas (portanto, tudo o que nos apóia) e desenvolvemos novas categorias. O que temos de colocar em jogo não são apenas as categorias epistemológicas (*Erkenntniskategorien*), mas também as categorias de nossa valoração e de nossa vivência concreta. (De acordo com Kant, não apenas a razão pura, mas também a razão prática e a faculdade de julgar devem ser postas em cena.) No caso da categoria epistemológica, já está em pleno andamento, e é no mínimo dolorosa. Por exemplo: temos que aprender a renunciar às explicações causais em favor do cálculo de probabilidades, e precisamos aprender a renunciar às operações lógicas em favor do cálculo proposicional. No caso das categorias de valor e de vivência, a coisa é bem mais difícil. Por exemplo, somos desafiados a trabalhar um novo conceito de liberdade quando não se trata mais de superar as condições, mas sim de trazer ordem ao caos. Devemos aprender a perguntar não mais por "liberdade de quê?", mas por "liberdade para quê?". Outro exemplo: somos desafiados a substituir nossa moral de trabalho (*Arbeitsmoral*) por outra, quando não se trata mais de modificar as realidades dadas mas de realizar as possibilidades dadas. Em outras palavras: a exigência que nos é colocada é a de saltar do nível da existência linear para um nível de existência totalmente abstrato, adimensional (para o "nada").

Sem dúvida alguma isso é uma ousadia, mas não temos escolha: devemos ousar. Independentemente de querermos ou não, a nova imaginação entrou em cena. E é uma ousadia empolgante: os níveis de existência que temos de galgar graças a essa nova imaginação promete-nos vivências, representações (*Vorstellungen*), sentimentos, conceitos, valores e decisões – coisas que até agora só pudemos sonhar, no melhor dos casos; essa ousadia promete colocar em cena as capacidades que até agora apenas dormitavam em nós.

CONSTRUÇÕES

SOBRE A PALAVRA DESIGN

Em inglês, a palavra design funciona como substantivo e também como verbo (circunstância que caracteriza muito bem o espírito da língua inglesa). Como substantivo significa, entre outras coisas, "propósito", "plano", "intenção", "meta", "esquema maligno", "conspiração", "forma", "estrutura básica", e todos esses e outros significados estão relacionados a "astúcia" e a "fraude". Na situação de verbo – *to design* – significa, entre outras coisas, "tramar algo", "simular", "projetar", "esquematizar", "configurar", "proceder de modo estratégico". A palavra é de origem latina e contém em si o termo *signum*, que significa o mesmo que a palavra alemã *Zeichen* ("signo", "desenho"). E tanto *signum* como *Zeichen* têm origem comum. Etimologicamente, a palavra design significa algo assim como de-signar (*entzeichnen*). A pergunta que se faz aqui é a seguinte: como é que a palavra design adquiriu seu significado atual, reconhecido internacionalmente? Não estamos pensando em termos históricos, ou seja, não se trata de consultar nos textos onde e quando se começou a adotar o significado atual da palavra. Trata-se de pensá-la semanticamente, isto é, de analisar precisamente por que essa palavra adquiriu o significado que se lhe atribui no discurso atual sobre cultura.

A palavra design ocorre em um contexto de astúcias e fraudes. O designer é, portanto, um conspirador malicioso que se dedica a engendrar armadilhas. Outros termos também bastante significativos aparecem nesse contexto, como, por exemplo, as palavras "mecânica" e "máquina". Em grego, *mechos* designa um mecanismo que tem por objeto enganar, uma armadilha, e o cavalo de Tróia é um exemplo disso. Ulisses é chamado *polymechanikos*, o que traduzíamos no colégio como "o astucioso" (*der Listenreiche*). A própria palavra *mechos* tem sua origem na raiz "*magh-*", que podemos reconhecer nas palavras alemãs *Macht* e *mögen*.* Uma "máquina" é portanto um dispositivo de enganação, como por exemplo a alavanca, que engana a gravidade, e a "mecânica", por sua vez, é uma estratégia que disfarça os corpos pesados.

Outra palavra usada nesse mesmo contexto é "técnica". Em grego, *techné* significa "arte" e está relacionada com *tekton* ("carpinteiro"). A idéia fundamental é a de que a madeira (em grego, *hylé*) é um material amorfo que recebe do artista, o técnico, uma forma, ou melhor, em que o artista provoca o aparecimento da forma. A objeção fundamental de Platão contra a arte e a técnica reside no fato de que elas traem e desfiguram as formas (idéias) intuídas teoricamente quando as encarnam na matéria. Para ele, artistas e técnicos são impostores e traidores das idéias, pois seduzem maliciosamente os homens a contemplar idéias deformadas.

* O substantivo *Macht* significa "poder", "potência", e o verbo *mögen* corresponde, em português, aos verbos "poder" ou "gostar". [N.T.]

O equivalente latino do termo grego *techné* é *ars*, que significa, na verdade, "manobra" (*Dreh*). O diminutivo de *ars* é *articulum* – pequena arte –, e indica algo que gira ao redor de algo (como por exemplo a articulação da mão). *Ars* quer dizer, portanto, algo como "articulabilidade" ou "agilidade", e *artifex* ("artista") quer dizer "impostor". O verdadeiro artista é um prestidigitador, o que se pode perceber por meio das palavras "artifício", "artificial" e até mesmo "artilharia". Em alemão, um artista é um *Könner*, ou seja, alguém que conhece algo e é capaz de fazê-lo, pois a palavra "arte" em alemão, *Kunst*, é um substantivo que deriva do verbo "poder", *können*, no sentido de ser capaz de fazer algo; mas também a palavra "artificial", *gekünstelt*, provém da mesma raiz.

Essas considerações explicam de certo modo por que a palavra design pôde ocupar o espaço que lhe é conferido no discurso contemporâneo. As palavras design, máquina, técnica, *ars* e *Kunst* estão fortemente inter-relacionadas; cada um dos conceitos é impensável sem os demais, e todos eles derivam de uma mesma perspectiva existencial diante do mundo. No entanto, essa conexão interna foi negada durante séculos (pelo menos desde a Renascença). A cultura moderna, burguesa, fez uma separação brusca entre o mundo das artes e o mundo da técnica e das máquinas, de modo que a cultura se dividiu em dois ramos estranhos entre si: por um lado, o ramo científico, quantificável, "duro", e por outro o ramo estético, qualificador, "brando". Essa separação desastrosa começou a se tornar insustentável no final do século XIX. A palavra design entrou nessa brecha como uma espécie de ponte entre esses dois mundos. E isso foi possível porque essa palavra exprime a conexão interna entre técnica e arte. E por isso design significa aproximadamente aquele lugar em que arte e técnica (e, conseqüentemente, pensamentos, valorativo e científico) caminham juntas, com pesos equivalentes, tornando possível uma nova forma de cultura.

Embora essa seja uma boa explicação, não é suficiente. Pois, afinal, o que une os termos mencionados é o fato de que todos apresentam conotações de, entre outras coisas, engodo e malícia. A cultura para a qual o design poderá melhor preparar o caminho será aquela consciente de sua astúcia. A pergunta é: a quem e ao que enganamos quando nos inscrevemos na cultura (na técnica e na arte, em suma, no design)? Vamos a um exemplo: a alavanca é uma máquina simples. Seu design imita o braço humano, trata-se de um braço artificial. Sua técnica provavelmente é tão antiga quanto a espécie *Homo sapiens*, talvez até mais. E o objetivo dessa máquina, desse design, dessa arte, dessa técnica, é enganar a gravidade, trapacear as leis da natureza e, ardilosamente, liberar-nos de nossas condições naturais por meio da exploração estratégica de uma lei natural. Por intermédio de uma alavanca – e apesar de nosso próprio peso – podemos nos lançar até as estrelas, se for o caso; e, se nos derem um ponto de apoio, somos capazes de tirar o mundo de sua órbita. Esse é o design que está na base de toda cultura: enganar a natureza por meio da técnica, substituir o natural pelo artificial e construir máquinas de onde surja um deus que somos nós mesmos. Em suma: o design que está por trás de toda cultura consiste em, com astúcia, nos transformar de simples mamíferos condicionados pela natureza em artistas livres.

Essa é uma grande explicação, não é mesmo? A palavra design veio ocupar sua atual posição no discurso contemporâneo porque nos tornamos conscientes de que um ser humano é um design contra a natureza. Mas infelizmente essa explicação não nos satisfaz. Se o design continuar se tornando cada vez mais o foco de interesse, e as questões referentes a ele passarem a ocupar o lugar das preocupações concernentes à idéia, certamente não mais pisaremos em chão firme. Eis aqui um exemplo disso: as canetas de plástico estão se tornando cada vez mais baratas e tendem a ser distribuídas de graça. O material (*hylé* = madeira) de que são feitas praticamente não tem valor, e o trabalho (que, segundo Marx, é a fonte de todos os valores), graças a uma tecnologia sagaz, é realizado por máquinas totalmente automatizadas. A única coisa que confere valor a essas canetas de plástico é seu design, que é a razão de escreverem. Esse design não deixa de ser uma coincidência de grandes idéias que, provenientes da ciência, da arte e da economia, fecundaram-se e complementaram-se de maneira criativa. E, no entanto, tendemos a não prestar nenhuma atenção nesse design, razão pela qual as canetas tendem a ser distribuídas gratuitamente, como suportes publicitários, por exemplo. Essas grandes idéias por trás das canetas são tratadas com o mesmo desdém com que se trata seu material e o trabalho necessário para produzi-las.

Como explicar essa desvalorização de todos os valores? Pelo fato de que, graças à palavra design, começamos a nos tornar conscientes de que toda cultura é uma trapaça, de que somos trapaceiros trapaceados, e de que todo envolvimento com a cultura é uma espécie de auto-engano. Pode-se afirmar que, quando se conseguiu superar a separação entre arte e técnica, abriu-se um horizonte dentro do qual podemos criar designs cada vez mais perfeitos, liberar-nos cada vez mais de nossa condição e viver de modo cada vez mais artificial (mais bonito). Mas o preço que pagamos por isso é a renúncia à verdade e à autenticidade. O que a alavanca faz, de fato, é tirar de órbita tudo o que é verdadeiro e autêntico e substituí-lo mecanicamente por artefatos desenhados com perfeição. Desse modo, todos os artefatos adquirem o

mesmo valor que as canetas de plástico: convertem-se em *gadgets* descartáveis. E isso se evidencia, no mais tardar, quando morremos. Pois, apesar de todas as estratégias técnicas e artísticas (apesar da arquitetura do hospital e do design do leito de morte), o fato é que morremos, como todos os mamíferos. A palavra design adquiriu a posição central que tem hoje no discurso cotidiano porque estamos começando (e provavelmente com razão) a perder a fé na arte e na técnica como fontes de valores. Porque estamos começando a entrever o design que há por trás delas.

Essa explicação pretende desenganar. Mas ela também não pode se impor. E aqui se deve confessar uma coisa. Este ensaio segue um design determinado: ele quer trazer à luz os aspectos pérfidos e ardilosos da palavra design, que normalmente costumam ser ocultados. Se ele tivesse seguido outro design, talvez pudesse ter insistido no fato de que design está associado a signo (*Zeichen*), indício (*Anzeichen*), presságio (*Vorzeichen*), insígnia (*Abzeichen*); e nesse caso poderia surgir uma explicação distinta mas igualmente plausível para a situação atual da palavra. Mas é exatamente assim: tudo depende do design.

O MODO DE VER DO DESIGNER

Existe um verso no poema "Aus dem cherubinischen Wandersmann"* que citarei de memória: "A alma tem dois olhos: um olha o tempo, o outro olha para longe, em direção à eternidade". (Quem quiser ser fiel ao texto pode consultar o original e corrigir a citação.) O olhar do primeiro olho conheceu, desde a invenção do telescópio e do microscópio, uma série de melhorias técnicas. Hoje em dia somos capazes de olhar para um tempo mais afastado, com maior profundidade e com maior precisão do que Angelus Silesius poderia sequer suspeitar. Recentemente chegamos inclusive à condição de condensar todo o tempo em um único ponto temporal, e de ver tudo simultaneamente em uma tela de televisão. Quanto ao segundo olho, cujo olhar percebe a eternidade, somente nos últimos anos é que se começou a dar os primeiros passos em direção a seu aperfeiçoamento técnico. É disso que tratará o presente ensaio.

A capacidade de olhar através do tempo em direção à eternidade, e de reproduzir o que foi visto desse modo,

* Flusser refere-se ao poema "O andarilho angelical" (em tradução livre) de Angelus Silesius, poeta místico alemão do século XVII. [N.T.]

tornou-se relevante, no mais tardar, a partir do terceiro milênio. Era a época em que as pessoas iam para o alto das montanhas mesopotâmicas, olhavam em direção à nascente dos rios e podiam prever secas e inundações, e depois traçavam linhas em plaquetas de argila para representar os canais que deveriam ser cavados futuramente. Naquele tempo essas pessoas eram consideradas profetas, mas hoje em dia seria preferível chamá-las de designers. Essa diferença de avaliação do "segundo olho da alma" é bastante significativa. Os mesopotâmicos daquela época, assim como a maioria das pessoas hoje em dia, achavam que aquele modo de olhar envolvia a previsão do futuro. Se alguém constrói canais de irrigação é porque pode prever o futuro do curso do rio. No entanto, desde o tempo dos filósofos gregos (e, desde então, entre pessoas relativamente cultas) acredita-se que esse segundo olhar não vê o futuro, mas a eternidade. Não vê o futuro curso do Eufrates, mas a forma de todos os cursos de água. Não vê a futura trajetória de um foguete, mas a forma de todas as trajetórias descritas por corpos em campos gravitacionais. Formas eternas. Acontece que hoje em dia as pessoas cultas não compartilham da mesma opinião dos filósofos gregos.

Se seguirmos Platão, por exemplo (que chamava de "teoria" o modo de ver do segundo olho da alma), perceberemos, por meio dos fenômenos fugazes, formas eternas e imutáveis ("Idéias"), tal como elas existem no céu. Em sintonia com essa visão, o que ocorria na Mesopotâmia naquela época era algo assim: as pessoas deduziam e anotavam formas teóricas que se relacionavam com o Eufrates. Foram os primeiros a empregar a geometria teórica. As formas que haviam descoberto, por exemplo os triângulos, eram "formas verdadeiras" (em grego, "verdade" e "descoberta" são a mesma palavra, *aletheia*). Mas ao traçarem os triângulos nas plaquetas de barro, os deformavam. Por exemplo, a soma dos ângulos de um triângulo desenhado nunca é exatamente 180 graus, mesmo que seja esse exatamente o caso no triângulo teórico. Acontecem erros na geometria quando se passa da teoria à práxis. E assim se explica por que nenhuma canalização (e nenhum foguete) funciona exatamente como deveria.

Hoje vemos as coisas de modo um tanto distinto. Já não pensamos (dizendo de maneira simplificada) que descobrimos os triângulos, mas que os inventamos. Os mesopotâmicos construíram formas, como triângulos, para poder calcular de algum modo o curso do Eufrates, e então começaram a empregar no rio, em seqüência, as formas com que estavam lidando, até conseguirem fazer com que o rio coubesse nelas. Galileu não descreveu a fórmula da queda livre, mas a inventou: foi experimentando uma fórmula atrás da outra até que o assunto da queda dos corpos graves se enquadrasse. Portanto, a geometria teórica (e a mecânica teórica) é um design ao qual submetemos os fenômenos para poder tê-los sob controle. Isso soa mais razoável que a crença platônica nas idéias celestes, mas na realidade é extremamente perturbador.

Se as chamadas leis naturais são uma invenção nossa, por que será que o Eufrates e os foguetes se orientam precisamente de acordo com elas e não com quaisquer outras formas e fórmulas? Admitamos que, se o Sol gira em torno da Terra ou a Terra em torno do Sol, isso é meramente uma questão de design. Mas será que o modo como as pedras caem também é uma questão de design? Dito de outro modo: se já não cremos, como Platão, que o designer dos fenômenos se encontra no céu e tem de ser descoberto teoricamente, mas acreditamos que somos nós mesmos que desenhamos os fenômenos, então por que será que os fenômenos têm precisamente o aspecto que têm, em vez de terem o aspecto que gostaríamos que tivessem? Essa inquietação não pode ser evitada no presente ensaio.

Por outro lado, não há dúvidas de que as formas, se descobertas ou inventadas, se feitas por um designer divino ou por um designer humano, são eternas, ou seja, não estão no espaço nem no tempo. A soma dos ângulos de um triângulo teórico é sempre, e em qualquer lugar do mundo, 180 graus, independentemente de termos descoberto esse fato no céu ou inventado isso na prancheta de desenhos. E se arquearmos a prancheta de desenho e desenharmos (*designen*) triângulos não euclidianos com somas de ângulos distintas, também esses triângulos serão eternos. O olhar do designer, seja o divino, seja o humano, é, sem dúvida, aquele olhar do segundo olho da alma. E aqui surge a intrigante pergunta: que aspecto tem realmente a eternidade? Terá o aspecto de um triângulo (como no caso do Eufrates), de uma equação (como no caso das pedras em queda) ou talvez de algo distinto? Resposta: qualquer que seja o seu aspecto, ela poderia sempre, graças à geometria analítica, ser enquadrada em equações.

Esse pode ser o começo da tecnicização do segundo olho da alma. Todas as formas eternas, todas as idéias imutáveis podem ser formuladas em equações; essas equações podem ser transportadas do código numérico para códigos computacionais e alimentar os computadores. Estes, por sua vez, podem fazer aparecer esses algoritmos como linhas, superfícies e (um pouco mais tarde) volumes nas telas e nos hologramas; e a partir daí fazer imagens sintéticas, "geradas numericamente". Nesse caso, o que se vê com o primeiro olho da alma é exatamente o mesmo que se percebe com o segundo. O que brilha na tela do computador são formas eternas, imutáveis (como, por exemplo, triângulos), fabricadas a partir de fórmulas eternas e imutáveis (como "1 + 1 = 2"). No entanto, por mais estranho que pareça, essas formas imutáveis são passíveis de mudança: os triângulos podem deformar-se, girar, encolher e ampliar. E tudo o que surge desse processo é igualmente uma forma eterna e imutável. O segundo olho da alma continua olhando para a eternidade, mas agora consegue manipular essa eternidade.

Esse é o olhar do designer: ele possui uma espécie de olho-sentinela (*Scheitelauge*) – como um computador –, graças ao qual deduz e maneja eternidades. E com isso ele pode dar ordens a um robô para que transporte essa eternidade intuída e manipulada para a temporalidade (por exemplo, para cavar canais ou construir foguetes). Na Mesopotâmia o chamavam de profeta. Merece mais o nome de Deus. Mas graças a Deus não é consciente disso e considera-se um técnico ou um artista. Que Deus o possa conservar nessa fé.

DESIGN: OBSTÁCULO PARA A REMOÇÃO DE OBSTÁCULOS?

194

Um "objeto" é algo que está no meio, lançado no meio do caminho (em latim, *ob-iectum*; em grego, *problema*). O mundo, na medida em que estorva, é objetivo, objetal, problemático. Um "objeto de uso" é um objeto de que se necessita e que se utiliza para afastar outros objetos do caminho. Há nessa definição uma contradição: um obstáculo que serve para remover obstáculos? Essa contradição consiste na chamada "dialética interna da cultura" (se por "cultura" entendermos a totalidade dos objetos de uso). Essa dialética pode ser resumida assim: eu topo com obstáculos em meu caminho (topo com o mundo objetivo, objetal, problemático), venço alguns desses obstáculos (transformo-os em objetos de uso, em cultura), com o objetivo de continuar seguindo, e esses objetos vencidos mostram-se eles mesmos como obstáculos. Quanto mais longe vou, mais sou impedido pelos objetos de uso (mais na forma de carros e de instrumentos administrativos do que na forma de granizo e tigres). E na verdade sou duplamente obstruído por eles: primeiro, porque necessito deles para prosseguir, e, segundo, porque estão sempre no meio do meu caminho. Em outras palavras: quanto mais prossigo, mais a cultura se torna objetiva, objetal e problemática.

Essa introdução trata, de certo modo, do estado das coisas. Com relação aos objetos de uso, cabe perguntar aqui de onde e para que foram lançados (*werfen*) em nosso caminho. (Essa pergunta não tem sentido com relação a outros objetos.) E a resposta é a seguinte: foram *pro*jetados (*entwerfen*), desenhados no caminho por pessoas que nos precederam. São projetos (*Entwürfe*), designs de que necessito para progredir e que, ao mesmo tempo, obstruem meu progresso. Para sair desse dilema, eu mesmo desenvolvo os projetos: eu mesmo lanço objetos de uso no caminho de outras pessoas. Como devo configurar esses projetos para que ajudem os meus sucessores a prosseguir e, ao mesmo tempo, minimizem as obstruções em seu caminho? Essa é uma questão política e também estética, e constitui o núcleo do tema *configuração* (*Gestaltung*).

A questão pode ser formulada também de outros modos. No caso dos objetos de uso, topo com projetos e designs de outros homens. (Quando se trata de outros objetos, topo com algo diferente, talvez com o absolutamente Outro.) Objetos de uso são, portanto, mediações (*media*) entre mim e outros homens, e não meros objetos. São não apenas objetivos como também intersubjetivos, não apenas problemáticos, mas dialógicos. A questão relativa à configuração poderá, então, ser formulada do seguinte modo: posso configurar meus projetos de modo que os aspectos comunicativo, intersubjetivo e dialógico sejam mais enfatizados do que o aspecto objetivo, objetal, problemático?

O processo de criação e configuração dos objetos envolve a questão da responsabilidade (e, em conseqüência, da liberdade). Nesse contexto, é totalmente compreensível que a questão da liberdade entre em cena. Aquele que projeta objetos de uso (aquele que faz cultura) lança obstáculos no caminho dos demais, e não há como mudar isso (assim como também não é possível mudar o propósito de emancipação do projetista). Deve-se, no entanto, refletir sobre o fato de que, no processo de criação dos objetos, faz-se presente a questão da responsabilidade, e exatamente por isso é que se torna possível falar da liberdade no âmbito da cultura. A responsabilidade é a decisão de responder por outros homens. É uma abertura perante os outros. Quando decido responder pelo projeto que crio, enfatizo o aspecto intersubjetivo, e não o objetivo, no utilitário que desenho. E se dedicar mais atenção ao objeto em si, ao configurá-lo em meu design (ou seja, quanto mais irresponsavelmente o crio), mais ele estorvará meus sucessores e, conseqüentemente, encolherá o espaço da liberdade na cultura. Um simples olhar na situação atual da cultura revela o seguinte: ela está caracterizada por objetos de uso cujos designs foram criados irresponsavelmente, com a atenção voltada apenas para o objeto. E isso é praticamente inevitável na situação atual (e assim tem sido desde a Renascença). Pelo menos desde aquela época, os criadores (*Gestalter*) são aqueles que projetam formas sobre os objetos com a finalidade de produzir objetos de uso cada vez mais úteis. Os objetos resistem a tais projetos. Essa resistência prende a atenção de seus projetistas (*Gestalter*) e os incita a penetrar mais e mais profundamente nos mundos objetivo, objetal e problemático, para que se tornem cada vez mais familiares com esse mundo e sejam capazes de manejá-lo. É isso que viabiliza o progresso técnico e científico, de tal modo atrativo que os criadores, ocupados com ele, esquecem aquele outro progresso, isto é, o progresso em direção aos outros homens. O progresso científico e técnico é tão atrativo que qualquer ato criativo ou design concebido com responsabilidade é visto praticamente como retrocesso. A situação da cultura está como está justamente porque o design responsável é entendido como algo retrógrado.

Os profetas chamavam de "pagãos" aqueles que se deixavam capturar pelo mundo objetivo e designavam como "ídolos" os objetos de uso que, enquanto objetos, podiam atrair, prender a atenção das pessoas. Sob essa óptica, a situação em que a cultura se encontra caracteriza-se pelo culto aos ídolos. No entanto, existem indícios de que a atitude do criador (do designer) está começando a mudar. E por isso os projetos (os designs) são idealizados de modo cada vez menos "pagão" e cada vez mais "profético". Começamos de fato a separar o conceito *objeto* do conceito *matéria*, e a projetar objetos de uso imateriais, como programas de computador e redes de comunicação. Isso não significa que o surgimento de uma "cultura imaterial" venha a ser menos obstrutiva: pelo contrário, pode ser que ela restrinja ainda mais a liberdade do que a cultura material. Mas o olhar do designer, ao desenvolver esses designs imateriais, dirige-se espontaneamente, digamos, para os outros homens. A própria coisa imaterial o leva a criar de um modo responsável. Os objetos de uso imateriais são ídolos (e, por isso, adorados), mas são ídolos transparentes, e portanto permitem que os outros homens que estão por trás deles sejam percebidos. Sua face mediática, intersubjetiva, dialógica, é visível.

Certamente esse ainda não é um motivo suficiente para que se espere uma cultura mais responsável no futuro. Mas há outro ponto a se mencionar que justificaria certo otimismo. Os objetos de uso, afinal de contas, são obstáculos de que necessito para poder progredir e, quanto mais preciso deles, mais os consumo. Juntamente com os utilitários consumidos, o projeto que os lançou no caminho é extinto. Eles perderam a forma sobre eles projetada; são deformados e jogados fora. Isso nos leva a pensar na segunda lei da termodinâmica, que diz que toda matéria tende a perder sua forma (sua informação). Esse princípio também é válido (embora de modo menos impressivo) para os objetos de uso imateriais: eles também vão para o lixo. Estamos começando a nos tornar cada vez mais conscientes do caráter efêmero de todas as formas (e, conseqüentemente, de toda criação). Pois os dejetos começam a obstruir nosso caminho tanto quanto os utilitários. A questão da responsabilidade e da liberdade (inerente ao ato de criar) surge não apenas quando se projetam os objetos, mas também quando eles são jogados fora. Pode ser que essa tomada de consciência da efemeridade de toda criação (inclusive a criação de designs imateriais) contribua para que futuramente se crie de maneira mais responsável, o que resultaria numa cultura em que os objetos de uso significariam cada vez menos obstáculos e cada vez mais veículos de comunicação entre os homens. Uma cultura, em suma, com um pouco mais de liberdade.

UMA ÉTICA DO DESIGN INDUSTRIAL?

Essa questão, se colocada um pouco antes, teria sido supérflua. A moralidade das coisas? O designer tinha como meta principal a produção de objetos úteis. As facas, por exemplo, tinham de ser concebidas para cortar bem (inclusive a garganta dos inimigos). E ainda qualquer construção que fosse de utilidade também devia ser realizada com exatidão, isto é, tinha que estar de acordo com os conhecimentos científicos. Devia ter também um aspecto bonito, ou seja, devia estar apta a se converter em uma experiência para o usuário. O ideal do construtor era pragmático, quer dizer, funcional. Considerações morais ou políticas raramente estavam em jogo. As normas morais foram fixadas pelo público (por uma instância supra-humana, por consenso ou por ambos). E tanto os designers como os usuários do produto estavam submetidos a essas normas, sob pena de serem castigados – nesta vida ou na próxima.

A questão da moralidade das coisas, da responsabilidade moral e política do designer adquiriu, no entanto, um novo significado no contexto atual, e até mesmo um caráter de urgência. Existem pelo menos três razões para isso.

Primeiro, não há mais nenhum âmbito público que estabeleça normas. Embora continuem existindo instâncias autoritárias (de natureza religiosa, política e moral), suas regras já não podem exigir mais nenhuma confiança; sua competência, no caso da produção industrial, é no mínimo problemática. As autoridades têm cada vez menos credibilidade porque, entre outros motivos, a revolução das comunicações destruiu o espaço público tal como o conhecíamos antes. Duvida-se de sua competência pelo fato de a produção industrial ter-se tornado extremamente complicada e porque as normas para ela, quaisquer que sejam, tendem a ser ingênuas. Então, revelada como incompetente, toda universalização autoritária de normas inclina-se mais a inibir ou a desorganizar o progresso industrial do que a lhe fornecer uma diretriz. A única instância que ainda parece permanecer mais ou menos intacta é a ciência. Naturalmente ela sempre reivindica seu engajamento em pesquisas livres de valorações; em conseqüência, o que faz é fornecer normas técnicas, mas nenhuma norma moral.

Segundo, a produção industrial, inclusive o design, desenvolveu-se até se converter em uma complexa rede que se serve de informações de diversas áreas. A quantidade de informações a que o fabricante tem acesso supera em muito a capacidade de uma memória individual. Mesmo quando são usados mecanismos artificiais de armazenamento, surge o problema do critério de seleção das informações a serem processadas. Por isso tornou-se necessária a atuação em grupos, em equipes compostas de elementos humanos e artificiais; desse modo, o resultado não pode ser atribuído a um único autor. O processo do design está, portanto, organizado sobre uma base extremamente cooperativa. Por essa razão, não é possível responsabilizar uma só pessoa por um produto. Mesmo que existissem instâncias que estabelecessem normas, ninguém se sentiria pessoalmente vinculado a elas. Essa lacuna de responsabilidade moral, resultante da lógica do processo de produção, criará inevitavelmente engenhos de moral condenável caso não se consiga chegar a um acordo sobre uma espécie de código ético para o design.

Terceiro, no passado havia a aceitação tácita de que a responsabilidade moral por um produto era simplesmente do usuário. Se uma pessoa cravasse uma faca em alguém, a responsabilidade era só sua e não, por exemplo, do designer da faca. Desse modo, a fabricação de facas era uma espécie de atividade pré-ética, livre de valores. Hoje em dia, já não é mais esse o caso. Muitos produtos industriais são processados por máquinas automatizadas e seria algo absurdo tornar os robôs responsáveis pelo uso desses produtos.

Quem deveria, afinal, ser responsabilizado se um robô matasse alguém? A pessoa que construiu o robô, a pessoa que fez a faca ou aquele que instalou o programa no robô? Não seria igualmente cabível atribuir a responsabilidade moral a um erro de construção, de programação ou de fabricação? E que tal se atribuíssemos a responsabilidade moral ao setor que fabricou o robô? Ou talvez ao complexo industrial em sua totalidade, ou, por que não, ao sistema a que pertence esse complexo?

Em outras palavras: o eventual desinteresse dos designers por essas questões poderá levar à total ausência de responsabilidade. Esse problema, evidentemente, não é novo. Isso já ficou evidente, de maneira terrível, em 1945, quando se questionava quem deveria ser responsabilizado pelos crimes dos nazistas contra a humanidade. Na época dos processos de Nuremberg apareceu uma carta de um industrial alemão dirigida a um funcionário nazista. Nela, o industrial sutilmente pede perdão porque suas câmaras de gás estavam mal construídas: em vez de matar milhares de pessoas de uma só vez, matavam somente centenas delas. Os processos de Nuremberg e, pouco mais tarde, o julgamento de Eichmann mostram claramente que: a) não existe mais norma alguma que se possa aplicar sobre a produção industrial; b) não há um causador único de um delito; c) a responsabilidade está diluída a tal ponto que nos encontramos efetivamente numa situação de absoluta irresponsabilidade com relação àquelas ações que procedem da produção industrial.

Recentemente, a guerra do Golfo ilustrou essa problemática de modo ainda mais evidente, embora menos absurda e bestial que no caso dos nazistas. Ali, a proporção de mortos era a seguinte: um soldado aliado por mil iraquianos. Essa estatística foi obtida mediante um extraordinário design industrial. Um design impressionante em sua funcionalidade, exatidão científica e, sem dúvida, em sua estética. Haverá aqui algum tipo de responsabilidade ética ou moral (não digamos política) em jogo? Pensem na imagem de um piloto que sai de seu helicóptero depois de um ataque aéreo e vai imediatamente conversar com um repórter televisivo. Ainda com o capacete na cabeça. Enquanto se dirige ao repórter, os canhões do veículo giram e apontam na mesma direção. Seu capacete está sincronizado com os canhões, seus olhos comandam o ataque. Quem é, afinal, responsável por esse complexo pós-industrial dos pilotos de helicóptero? E quem é responsável pela conduta que surge de uma rede de relações? Será que se poderia imaginar uma instância capaz de julgar tal comportamento – fosse ela um juiz, um padre, um parlamento nacional ou internacional, ou uma comissão de engenheiros ou de especialistas de análise de sistemas complexos?

Se não formos capazes – além de toda ideologia – de encontrar minimamente um caminho de aproximação a uma solução dos problemas éticos do design, então o nazismo, a guerra do Golfo e fenômenos parecidos haverão de representar unicamente os primeiros estágios da destruição e da autodestruição. O fato de que começamos a fazer perguntas é motivo de esperança.

DESIGN COMO TEOLOGIA

No século XIX pensava-se assim: Ocidente é Ocidente e Oriente é Oriente; e os dois jamais podem encontrar-se (*West is West and East is East, and never the twine can meet*). Tratava-se de uma opinião baseada num conhecimento profundo, pois o que há de mais terrível para o Ocidente é a morte, e para o Oriente é a vida. No Ocidente é preciso morrer (esse é o preço dos pecados), e no Oriente é preciso sempre reencarnar (essa é a punição pelos delitos cometidos). Para o Ocidente, "salvação" significa a superação da morte; para o Oriente, a superação das reencarnações. Cristo promete a vida eterna; Buda, a libertação da vida. Em outras palavras: no Ocidente, as pessoas não querem morrer, no entanto têm de fazê-lo; no Oriente, as pessoas não querem viver (pois a vida é considerada um sofrimento), no entanto é necessário reencarnar. Um abismo intransponível parece abrir-se entre esses dois mundos. Mas, quando sustentamos na mão um equipamento eletrônico japonês (como um rádio portátil), compreendemos que o abismo começa a se fechar.

Não há nada mais fácil do que banalizar esse acontecimento até agora inédito. O rádio portátil é um produto da ciência aplicada ocidental e seu design é japonês. Sempre existiram coisas desse tipo. Por exemplo, a porcelana chinesa era fabricada segundo um design inglês. No Império Romano provavelmente eram conhecidos elementos culturais do Extremo Oriente e, do mesmo modo, elementos culturais helênicos já deviam ser conhecidos na China. E isso sem mencionar os dragões mongóis nas catedrais góticas e os elmos dos deuses da época de Alexandre, em Angkor Watt. O design não segue a função, mas os mercadores a bordo de seus barcos ou ao longo das rotas da seda. Não é preciso invocar Cristo ou Buda para que se compreenda o rádio portátil japonês. Basta recordar a ocupação dos portos japoneses pela armada americana ou a espionagem industrial japonesa na Europa e nos Estados Unidos entre as duas guerras mundiais. No entanto, quando começamos a banalizar desse modo, temos a sensação de que nos escapa das mãos o fenômeno que gostaríamos de explicar. Por acaso esses Toyotas que correm nas *Autobahnen* alemãs devem ser comparáveis não aos Fiats mas sim à Horda Dourada?

O rádio portátil japonês certamente não impõe à ciência aplicada do Ocidente uma forma oriental, mas trata-se de uma síntese em que ambos se complementam mutuamente. Se pensarmos bem, essa é uma afirmação estarrecedora. A ciência ocidental existe graças a essa distância, que se torna possível por meio da teoria e se abre quando nos posicionamos de forma crítica e cética com relação ao mundo dos fenômenos. A forma das coisas orientais tem seu fundamento em uma vivência concreta muito específica, graças à qual o homem e o mundo se fundem um com o outro. Entre as teorias científicas e a experiência concreta de uma unidade inseparável abre-se o abismo de que falávamos. Então cabe perguntar: o rádio portátil conseguiu sintetizar as duas coisas? Conseguiu combinar botânica e *ikebana*, balística e arte de atirar com o arco, xadrez e jogo de Go japonês em uma nova unidade? Pois o argumento acima conduz à afirmação de que o design japonês não foi simplesmente imposto sobre um rádio, mas surgiu a partir dele.

Pode ser que vejamos mais de perto esse problema (decisivo para o futuro) se tentarmos confrontar o conceito ocidental de design com noções orientais. Do nosso ponto de vista, o design é freqüentemente visto como a imposição de uma forma sobre uma massa informe. A forma (*eideia*) se torna visível sob o olhar teórico: por meio da teoria se pode ver, por exemplo, que o triângulo é uma forma cujos ângulos somam 180 graus. E então o que foi concebido teoricamente é tomado e imposto a algo informe, desenhando-se (dando forma a, *gestaltet*), por exemplo, uma pirâmide. Naturalmente há que se aceitar que a soma dos ângulos de um triângulo produzido desse modo não seja exatamente 180 graus. Nenhum desenho pode ser "perfeito", coincidir completamente com o modelo teórico segundo o qual foi criado. Esse é um problema nosso com o design, que, com toda certeza, não corresponde ao problema de design no Extremo Oriente. Podemos observar como surgem formas entre as mãos dos orientais, por exemplo ideogramas escritos com pincel, flores de papel, ou simplesmente o modo como realizam o gesto da cerimônia do chá. Em todos esses casos não se trata de uma idéia imposta sobre algo amorfo; trata-se de fazer surgir de si mesmo e do mundo circundante uma forma que abarque ambos. O design seria pois

– no sentido do Extremo Oriente – uma espécie de imersão no não-eu (por exemplo, no papel, no pincel e na tinta), graças à qual o eu sobretudo se configura (por exemplo, na forma de um caractere escrito).

Enquanto no Ocidente o design revela um homem que interfere no mundo, no Oriente ele é muito mais o modo como os homens emergem do mundo para experimentá-lo. Se considerarmos a palavra *estético* em seu significado originário (isto é, no sentido de "experimentável", de "vivenciável"), podemos afirmar que o design no Oriente é puramente estético.

Evidentemente que, ao criar um rádio portátil, por exemplo, o designer japonês não emerge do mundo numa espécie de *unio mystica* com o material plástico e os fios de cobre. Assim como, no caso de um rádio portátil ocidental, o designer tampouco se engaja no mundo a partir de uma perspectiva teórica para agarrá-lo e dar-lhe forma. De preferência, o que ambos os designers, tanto o oriental como o ocidental, levam em conta ao criar formas é o mercado a que está destinado e a função que há de cumprir o objeto em questão. No entanto, esse aparente paralelismo não nos deve confundir. O designer japonês surge de um contexto cultural caracterizado pela figura de Buda como aquele que salva da vida, e isso se vê refletido em seu design: nos *bonsai* retorcidos e nos biombos, nas sandálias e nos rádios portáteis, no *walkman* e, em breve, nos robôs eletrônicos e genéticos e nas inteligências artificiais. Em todo design desse tipo se expressa a peculiar qualidade estética da fusão com o ambiente, da dissolução do eu. Um olhar treinado em fenomenologia deveria detectar esse fenômeno tanto no rádio portátil, em um Toyota e na câmara fotográfica, como na comida japonesa (e, em geral, na gastronomia de qualquer outra cultura do Extremo Oriente).

Essa afirmação é estarrecedora pela seguinte razão: a ciência natural e a técnica nela baseada só poderiam ter surgido em solo ocidental. Pressupõem a distância teórica, mas também a convicção judaica de que é necessário mudar o mundo para mudar a si mesmo. No fundo, a ciência é um método para descobrir o Deus judaico-cristão "por trás dos fenômenos", e a técnica é um método para produzir o reino desse Deus sobre a Terra. Se transplantássemos a ciência e a técnica para um design do Extremo Oriente, ambas deveriam alterar sua essência.

Essa alteração fatídica já está em processo, embora nem sempre nos demos conta disso. O que se produz nos laboratórios japoneses não é a mesma ciência que levou à Revolução Industrial, pois o "espírito" que se expressa nela é bem outro. Os produtos industriais que vêm do Japão e fluem por todo o globo terrestre não respiram a mesma atmosfera que se respirava na Revolução Industrial, desde os tempos do Iluminismo. E isso há que se mostrar ainda com mais clareza quando a China começar a se engajar produtivamente no desenvolvimento científico e tecnológico. É como se a motivação que em sua origem criara a ciência e a tecnologia tivesse sofrido uma torção de 180 graus. Pode-se entender esse giro da motivação fundamental, por exemplo, do modo a seguir.

Nossa ciência é um discurso lógico, e esse discurso está codificado alfanumericamente. Em outras palavras: a ciência descreve e calcula a natureza segundo as regras da escrita e do pensamento lineares. A motivação da ciência é estar de posse da natureza descrita e calculada, no sentido de elevar o saber ao poder. No Extremo Oriente não existe nenhum código estruturalmente comparável ao alfanumérico. A ciência e a tecnologia lá são exclusivamente inglesas e pensáveis em nosso sistema de números. No entanto, o código alfanumérico está começando agora a ser abandonado em benefício dos códigos digitais dos computadores. Esses novos códigos têm mais em comum com os códigos orientais (com os ideográficos, por exemplo) do que com os lineares, de modo que agora ciência e tecnologia no Extremo Oriente se tornam tão compreensíveis como no Ocidente. Há agora outra motivação por trás delas.

Visto a partir do Ocidente, o que está ocorrendo pode ser interpretado como uma desintegração das estruturas básicas da cultural ocidental. Os produtos provenientes do Oriente nos chegam desenhados de tal modo que, sob a forma de cada um deles, obtemos uma vivência concreta do modo de vida oriental. A partir da forma de cada rádio portátil japonês ganhamos uma familiaridade concreta ("estética") com o sentimento budista, taoísta ou xintoísta em relação à vida. Experimentamos como nosso modo de pensar, que, entre outras coisas, conduziu à aparição da ciência e da tecnologia (mas também a outras coisas muito mais terríveis), é absorvido pelo modo de pensar oriental. Muito mais que as diversas seitas orientalizantes (que surgem sobretudo na América), o que realmente nos tira o solo judaico-cristão de sob os pés e nos submerge no Oriente é o design dos produtos industriais orientais. Mas, provavelmente, sob a óptica do Oriente, a sensação deve ser exatamente a oposta. O advento da ciência e da tecnologia ocidentais é compreendido ali provavelmente como uma dissolução do estilo de vida oriental, e isso aparece de forma clara se compararmos o design dos rádios portáteis com o dos quimonos ou com o das espadas de samurai.

De uma perspectiva "mais elevada", talvez se possa falar atualmente de uma influência do Ocidente no Extremo Oriente e vice-versa. Talvez o que se faça evidente no design dos produtos pós-industriais ("pós-modernos"?) seja essa mútua subversão. Mas o século XIX tinha razão quando considerava impossível uma fusão de Buda com Cristo ou de Cristo com Buda. O Deus de um é o demônio do outro. Será que está ocorrendo uma trivialização, uma destruição mútua dos valores?

Nesse assunto é necessário antepor a sinceridade a um sentimento de justiça que reduz tudo ao mesmo nível. É que só existem dois topos na civilização humana: a cultura do Extremo Oriente e a nossa. Todas as demais são superposições de ambas (como, por exemplo, a Índia), são os primeiros passos em direção às formas ainda não desenvolvidas. Se, como parece ser o caso, o transplante da ciência e da tecnologia ocidentais para o Extremo Oriente conduz a uma diluição das duas culturas, então cabe falar efetivamente de uma "cultura de massas", que se expressa de maneira estética sob a forma de um design *kitsch*. Mas também podemos tentar compreender o atual processo de encontro entre Ocidente e Oriente de outro modo. O que aconteceria se no design dos produtos pós-industriais pudesse se manifestar um novo sentimento existencial?

No começo deste ensaio sugerimos que a diferença fundamental entre Ocidente e Oriente está na atitude com relação à morte e à vida. Da atitude ocidental surgiram a filosofia grega, a profecia judaica e, enfim, o Cristianismo, a ciência e a tecnologia. Da atitude oriental surgiu uma aproximação estética e pragmática da vida que nós ocidentais nunca pudemos compreender completamente. Agora, essas duas atitudes excludentes entre si podem (ou devem) fundir-se uma na outra. Elas já produziram diversos códigos novos (os códigos dos computadores), que conectam os dois lados do abismo. E de sua fusão podem surgir uma ciência e uma tecnologia inclassificáveis cujos produtos estão desenhados com um espírito que não se enquadra nas antigas categorias. Não seria necessário submeter esse design a uma análise "teológica" para poder saber se a atitude diante da vida e da morte está se situando em um novo plano? Será que esse design não é expressão de um cristianismo judaico "elevado" ("*aufgehobener*"), de um budismo "elevado", para os quais ainda nos faltam palavras? Essa é uma hipótese ousada, aventurosa. Mas quando sustentamos na mão um rádio portátil japonês e analisamos detalhadamente seu design, a hipótese já não parece tão especulativa, mas sim necessária. Aproximar-se desse assunto é precisamente o objetivo do presente artigo, que no entanto deve confessar que considera o proposto aqui como provisório. Ele deve ser lido como *ensaio*, isto é, como a tentativa de formular uma hipótese.

FONTES DOS TEXTOS

As traduções incluídas no presente volume basearam-se nos originais descritos abaixo. Não há informação precisa sobre quando os textos foram escritos, e as datas fornecidas para cada artigo referem-se ao seu primeiro ano de publicação, segundo dados gentilmente cedidos pelo Vilém Flusser Archiv.

Textos traduzidos a partir da edição *Vilém Flusser: Vom Stande der Dinge*. Gottingen: 1993, 1997, Seidl Verlag.

"Forma e material" ["Form und Material"]
"A fábrica" ["Die Fabrik"] 1991
"A alavanca contra-ataca" ["Der Hebel schlägt zurück"] 1989
"Sobre formas e fórmulas" ["Von Formen und Formeln"] 1992
"Por que as máquinas de escrever estalam?" ["Warum eigentlich klappern die Schreibmaschinen?"] 1988
"Sobre a palavra design" ["Vom Wort Design"] 1990
"O modo de ver do designer" ["Der Blick des Designers"] 1991
"Design: obstáculo para a remoção de obstáculos?" ["Design: Hindernis zum Abräumen von Hindernissen?"] 1988
"Uma ética do design industrial?" ["Ethik im Industriedesign?"] 1991
"Design como teologia" ["Design als Theologie"] 1990

Traduzidos com base na edição *Vilém Flusser: Dinge und Undinge: Phänomenologische Skizzen*. Munique/Viena: Carl Hanser Verlag, 1993.
"A não-coisa [1]" ["Das Unding, 1"] 1989
"A não-coisa [2]" ["Das Unding, 2"] 1990
"Rodas" ["Räder"] (Vom Rad) 1991

Traduzidos a partir de originais datilografados fornecidos pelo Vilém Flusser Archiv [http://www.flusser.khm.de]

"O que é comunicação?" ["Was ist Kommunikation?"] 1973-74
"Linha e superfície" ["Line and Surface"] (1973-74)
"O mundo codificado" ["Die kodifizierte Welt"] 1978
"O futuro da escrita" ["The Future of Writing"] 1983-84
"Imagens nos novos meios" ["Bilder in der neuen Medien"] 1989
"Uma nova imaginação" ["Eine neue Einbildungskraft"] 1990

Os textos das seções "Coisas" e "Construções" estão publicados em inglês no livro Vilém Flusser, *The Shape of Things: A Philosophy of Design* (Reaktion, 1999). Os textos da seção "Códigos" estão publicados no livro Vilém Flusser, *Writings*, organizado por Andreas Ströhl (Univ. Minnesota Press, 2002).

BIBLIOGRAFIA

A pequena bibliografia a seguir fornece algumas indicações para os leitores de design e comunicação interessados em saber mais sobre Vilém Flusser. Ela representa apenas uma pequena parte de seus escritos e do muito que tem sido escrito sobre ele. Para um aprofundamento em sua obra, são recomendados os seguintes *sites*, como ponto de partida:

http://www.flusserstudies.net
http://flusser.khm.de
http://www.fotoplus.com/flusser
http://br.geocities.com/vilemflusser_bodenlos

OBRAS DE FLUSSER, EM PORTUGUÊS:

Bodenlos: uma autobiografia filosófica. São Paulo: Annablume, 2007 [1992].

Língua e realidade. São Paulo: Annablume, 2004 [1963].

Filosofia da caixa preta: ensaios para uma futura filosofia da fotografia. Rio de Janeiro: Relume Dumará, 2002 [1985].

Da religiosidade: a literatura e o senso de realidade. São Paulo: Escrituras, 2002 [1967].

A dúvida. Rio de Janeiro: Relume Dumará, 1999.

Ensaio sobre a fotografia: para uma filosofia da técnica. Lisboa:

Relógio d'Água, 1998. [Edição portuguesa de *Filosofia da caixa preta.*]
Ficções filosóficas. São Paulo: Edusp, 1998.
Pós-história: vinte instantâneos e um modo de usar. São Paulo: Duas Cidades, 1983.
A história do diabo. São Paulo: Livraria Martins Editora, 1965.

TEXTOS DE FLUSSER SOBRE DESIGN E COMUNICAÇÃO:

Writings. Minneapolis: University of Minneapolis Press, 2002. [Organizado por Andreas Ströhl.]
Kommunikologie. Mannheim: Bollman, 1996.
Dinge und Undinge: phenomenologische Skizzen. Munique: C. Hanser, 1993. [disponível em francês como *Choses et non-choses: esquisses phénomenologiques*. Nimes: J. Chambon, 1996.]
Von Stand der Dinge, eine kleine Philosophie des Design. Göttingen: Steidl Verlag, 1993. [disponível em inglês como *The Shape of Things: A Philosophy of Design*. Londres: Reaktion, 1999, incluindo alguns textos de *Dinge und Undinge*, op. cit.]

ESCRITOS SOBRE VILÉM FLUSSER:

Arlindo Machado. "Repensando Flusser e as imagens técnicas". In: *O quarto iconoclasmo e outros ensaios hereges*. Rio de Janeiro: Contracapa, 2002.
Gustavo Bernardo Krause. *A dúvida de Flusser: filosofia e literatura*. São Paulo: Globo, 2002.
Ricardo Mendes. *Vilém Flusser: uma história do diabo*. São Paulo: Edusp, 2001.
Gustavo Bernardo Krause & Ricardo Mendes (orgs.). *Vilém Flusser no Brasil*. Rio de Janeiro: Relume-Dumará, 2000.

SOBRE O AUTOR

Vilém Flusser nasceu em 12 de maio de 1920 na cidade de Praga, em uma família de intelectuais judeus. Passou sua infância e adolescência na Checoslováquia – na época, um dos centros europeus mais cosmopolitas e de vanguarda nas áreas de arte, arquitetura, indústria e design. Logo após a invasão alemã de Praga em 1939, Flusser – então aluno do primeiro ano de Filosofia – conseguiu fugir para a Inglaterra, graças à ajuda de sua colega de faculdade Edith Barth, com quem se casaria depois.

No final de 1940, Flusser emigrou para o Brasil junto com a família Barth, que planejava desenvolver aqui atividades industriais. Após um ano no Rio de Janeiro, mudaram-se para São Paulo e Flusser começou a trabalhar como diretor de uma fábrica de transformadores. Autodidata, nesse período aprendeu português, estudou filosofia e passou a escrever copiosamente. Seu primeiro texto sobre filosofia da linguagem foi publicado em 1957, no Suplemento Literário do jornal *O Estado de S. Paulo*.

Entre 1958 e 1959, abandonou as atividades empresariais e engajou-se na comunidade filosófica brasileira, por meio do IBF – Instituto Brasileiro de Filosofia. Flusser lecionou Filosofia da Ciência como professor convidado na Escola Politécnica da USP e foi um dos fundadores do curso de Comunicação Social da

FAAP. Em 1963, publicou seu primeiro livro, *Língua e realidade*, e, em 1964, tornou-se co-editor da *Revista Brasileira de Filosofia*. Foi colaborador regular do Suplemento Literário do jornal *O Estado de S. Paulo* e da coluna diária "Posto Zero", na *Folha de S. Paulo*. Além disso, contribuía também com o jornal alemão *Frankfurter Allgemeine*.

Em 1972, retornou à Europa e, após viver em vários lugares, estabeleceu-se em Robion, na França, onde permaneceu até sua morte. Entre os anos 1970 e 1980, escreveu regularmente para as principais revistas norte-americanas, francesas e alemãs sobre arte, cultura e fotografia, incluindo *Artforum*, *Leonardo*, *Artitudes*, *Arch+* e muitas outras, além de ser freqüentemente convidado para conferências sobre novas mídias em diversos países. Em 1981, seu livro *Filosofia da caixa preta* foi traduzido para o alemão, recebendo grande aclamação da crítica e, desde então, foi traduzido para oito línguas.

Vilém Flusser morreu em 27 de novembro de 1991, num acidente de automóvel próximo a Praga, após ter visitado a cidade pela primeira vez depois de cinqüenta anos.

Coordenação editorial **Cristina Fino e Elaine Ramos**

Conselho editorial (Design) **André Stolarski, Francisco Homem de Melo, Rafael Cardoso e Rodolfo Capeto**

Preparação **Cecília Ramos**

Revisão **Andréa Vidal e Bruno Gambarotto**

Projeto gráfico **Elaine Ramos**

1ª reimpressão, 2008

Dados Internacionais de Catalogação na Publicação (CIP)
(Câmara Brasileira do Livro, SP, Brasil)

Flusser, Vilém [1920-1991]
O mundo codificado: por uma filosofia do design e da comunicação: Vilém Flusser; organizado por Rafael Cardoso
Tradução: Raquel Abi-Sâmara
São Paulo: Cosac Naify, 2007
224 pp.

ISBN 978-85-7503-593-1

1. Comunicação visual 2. Design 3. Filosofia
4. Flusser, Vilém, 1920-1991 - crítica e interpretação
I. Cardoso, Rafael. II. Título

07-2972 CDD 306.4

Índices para catálogo sistemático:
1. Comunicação visual e design: Cultura: Sociologia 306.4

COSAC NAIFY
Rua General Jardim, 770 — 2º andar
01223 010 São Paulo SP
Tel [55 11] 3218 1444
Fax [55 11] 3257 8164
www.cosacnaify.com.br

Atendimento ao professor [55 11] 3218 1473

ISBN 978-85-7503-593-1

fontes Gotham e Chaparral

papel Paperfect 104 g/m²

impressão Geográfica

tiragem 3000